Spiele für Kleinkinder

Dieter Kellermann

Spiele für Kleinkinder

Völlig überarbeitet von Ursula Barff

FALKEN

Im FALKEN Verlag sind zum Thema Spiel und Unterhaltung viele gelungene Bücher erschienen.
Fragen Sie Ihren Buchhändler!

CIP-Titelaufnahme der Deutschen Bibliothek

Kellermann Dieter:
Spiele für Kleinkinder / Dieter Kellermann. Völlig überarb. von Ursula Barff. – Nachaufl. – Niedernhausen/Ts.: FALKEN, 1989
(FALKEN Bücherei)
ISBN 3-8068-2011-2

ISBN 3 8068 2011 0

Umschlaggestaltung: Zembsch' Werkstatt, München
Titelbild: Isabella Wirth, Niedernhausen
Zeichnungen: Beatrice Hintermaier, Glonn

Satz: TypoBach, 6200 Wiesbaden
Druck: Konkordia Druck GmbH, Bühl/Baden

27201176X19 181 716 151 4

Inhalt

Vorwort

Dieses Buch ist für alle gedacht, die sich privat oder beruflich mit Kindern beschäftigen. Kinder haben eine lebhafte Phantasie und einen ausgeprägten Spielsinn. Daher brauchen sie immer neue Spiele, die sie fesseln und durch die sie ihre Fähigkeiten spielerisch weiterentwickeln können. In diesem Buch sind einerseits Spiele aufgenommen worden, die ein Erwachsener und ein Kind oder zwei Kinder miteinander spielen können; damit lassen sich Wartezeiten, zum Beispiel beim Arzt oder am Bahnhof, spielend überbrücken. Eine lange Fahrt verliert ihre Schrecken. Andererseits sind auch Spielvorschläge für Kindergruppen enthalten. Das kann für manche Mutter, die ein Geburtstagsfest vorbereitet, sehr nützlich sein. Auch eine Erzieherin, die immer wieder etwas Neues anbieten will, findet hier eine Fülle von Anregungen. Es sind laute und leise Spiele, aber immer Spiele, die den Kindern viel Freude bereiten.

Fröhliche Spiele sind wichtig für die Kinder, und ihnen kommt eine tiefere Bedeutung zu, als man zunächst glauben mag, denn sie üben einen entscheidenden Einfluß auf die gesamte Entwicklung des Menschen aus, eben auch auf die spätere Form seiner Persönlichkeit. Um sich zu entfalten, will und soll jedes Kind spielen. Wenn man aufmerksam die hier gesammelten Spiele durchsieht, kann man feststellen, daß die Kinder in jedem Spiel etwas lernen, etwas üben. Das können zum Beispiel motorische Abläufe sein wie beim Fingerstrecken und -krümmen oder beim Hüpfen. Die Sinne des Kindes (Tastsinn, Gehör, Gesichtssinn) werden ebenso angesprochen und entwickelt. Indem sich die Kinder Verse und Spielabläufe merken, wird ihr Gedächtnis geschult und ihr Wortschatz mit neuen Wörtern bereichert.

Ein Teil der hier gesammelten Spiele hat sich von Generation zu Generation überliefert. Das war nur deshalb möglich, weil die Spiele ganz der Natur des Kindes entgegenkommen: seiner Freude an phantasievollem Erleben, an Bewegung und Scherz.

Viel Freude an diesem Buch und beim Spielen mit Kindern wünscht Ihnen

Ursula Barff

Spiele mit den Kleinsten

Spiele zum Kosen und Necken

Zehchen lang,
Füßchen gang,
Kniechen knick,
Bäuchlein dick.

Der Erwachsene berührt die genannten Körperteile des Kindes und kitzelt es zum Schluß am Bauch.

Aufwärts holperig,
abwärts stolperig,
so läuft der Hase bergauf,
so läuft der Hase bergab.

Der Erwachsene streicht mit den Fingern über Gesicht und Körper des Kindes.

Langweis, kreuzweis,
kribbelkrabbel,
großer Patsch!

Mit einem Finger streicht der Erwachsene längs und quer über die Handfläche des Kindes, krabbelt mit den Fingern darin und klatscht dann leicht hinein.

Da kommt der Bär,
der tappt so schwer.
Da kommt die Maus
in Hänschens Haus –
da 'nein, da 'nein!

Die Finger des Erwachsenen gehen mit leichtem Druck über Hand und Unterarm des Kindes. Dann huschen sie über den Oberarm und verstecken sich in der Halsgrube.

Pitsch, patsch, patsch,
durch Regen und durch Matsch.
Und wer hier nicht mehr weiter kann,
der zieht sich Gummistiefel an.
Pitsch, patsch, patsch!

Die Füße oder die Hände des Kindes werden im Rhythmus des Verses leicht aneinandergeschlagen.

Er kommt – er geht,
er springt – er steht,
er läuft, läuft, läuft –
er kriegt den kleinen Schelm am Kopf!

Der Erwachsene sitzt dem Kind gegenüber und krabbelt mit den Fingern dem Text entsprechend auf das Kind zu. Zum Schluß fahren die Finger in die Haare des Kindes und wuscheln sie durcheinander.

Schönes Äuglein
und sein Brüderlein,
schönes Öhrlein,
das ist auch zu zwein,
schönes Mündlein,
und der kleine Turm
läutet Sturm: ding, ding, ding!

Die genannten Teile des Kindergesichtes werden berührt. Der kleine Turm ist die Nase. An ihr wird hin und her gewackelt.

Kommt ein Mäuslein,
baut ein Häuslein,
kommt ein Mücklein,
baut ein Brücklein,
kommt ein Floh,
und der macht so!

Die Maus – eine Hand des Erwachsenen – läuft auf das Kind zu. Dann legt er schräg beide Hände zum Haus zusammen. Die Mücke wird mit einer Hand dargestellt, und für die Brücke legt der Erwachsene die Fingerspitzen aneinander. Daumen und Zeigefinger sind der Floh, der das Kind zwicken will.

Kinn, Kinn, Wängchen,
Mündchen rund,
Bäckchen gesund,
Näschen lang,
Äugelchen blank,
Stirnchen platt –
Härchen zipp, zipp, zapp!

Der Erwachsene berührt die genannten Teile des Kindergesichtes und zupft dann ein wenig an den Haaren.

Krabbel, krabbel, Mäuschen,
jetzt schlüpf ich in mein Häuschen.
Krabbel, krabbel, Maus,
jetzt komme ich heraus.
Ich sehe mir mein Kindchen an,
ob es nun wieder lachen kann.

Der Erwachsene bildet mit der linken Hand eine kleine Höhle auf dem Tisch und läßt die rechte Hand als Mäuschen hineinkrabbeln. Dann krabbelt die Maus auf das Kind zu und an ihm hinauf bis in die Halsgrube.

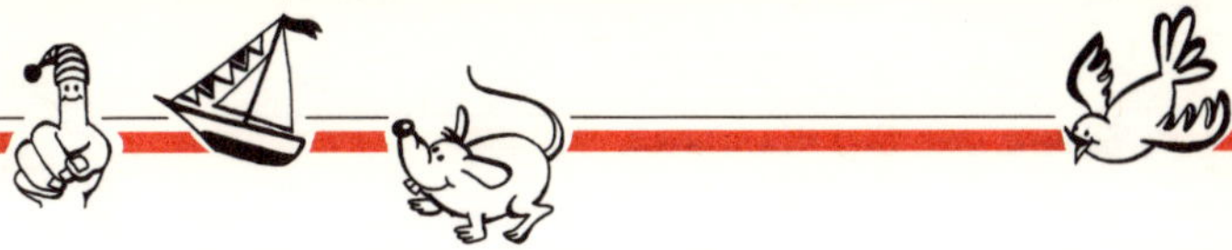

Mäh, Lämmchen, mäh

2. Mäh, Lämmchen, mäh!
Das Lämmchen lief in' Klee.
Da stieß sich's an ein Stöckchen,
da tat ihm weh sein Köpfchen,
da schrie das Lämmchen: Mäh!

3. Mäh, Lämmchen, mäh!
Das Lämmchen lief in' Klee.
Da stieß sich's an ein Hölzchen,
da tat ihm weh sein Hälschen,
da schrie das Lämmchen: Mäh!

4. Mäh, Lämmchen, mäh!
Das Lämmchen lief in' Klee.
Da stieß sich's an ein Sträuchlein,
da tat ihm weh sein Bäuchlein,
da schrie das Lämmchen: Mäh!

Der Erwachsene streichelt die in den einzelnen Strophen genannten Körperteile des Kindes: Bein, Kopf, Hals und Bauch.

Hopp, hopp, hopp

2. Tipp, tipp, tapp!
Wirf mich ja nicht ab!
Zähme deine wilden Triebe.
Pferdchen, tue mir's zuliebe,
wirf mich ja nicht ab!
Tipi, tipi, tapp!

3. Brr, brr, he!
Steh doch, Pferdchen steh!
Sollst schon heute weiter springen,
muß dir doch erst Futter bringen.
Steh doch, Pferdchen, steh!
Brr, brr, brr, brr, he!

Dieses bekannte Kinderlied ist ein Kniereiterspiel. Der Erwachsene setzt das Kind auf seine Knie und hält es in den Achselhöhlen fest. Die Knie wippen nun im Rhythmus des Liedes, und das Kind reitet mal rascher, mal langsamer.

Fingerspiele

Der ist ins Wasser gefallen,
der hat ihn wieder herausgeholt,
der hat ihn ins Bett gebracht,
der hat ihn warm zugedeckt,
und der kleine Schelm hat
ihn wieder aufgeweckt!

Der Erwachsene faßt, vom Daumen beginnend, die Finger des Kindes und schüttelt sie.

Das ist das Kleinchen,
das ist das Beinchen,
das ist der lange Mann,
das ist der Zeigermann,
das ist der dicke Mann,
der so schön nicken kann.

Jeder Finger des Kindes wird beim Sprechen angefaßt. Wir beginnen beim kleinen Finger und lassen am Schluß den Daumen nicken.

Das ist der Daumen,
der schüttelt die Pflaumen,
der hebt sie auf,
der trägt sie heim,
und dieser kleine Schelm ißt sie alle allein!

Die Finger werden der Reihe nach angefaßt, und der kleine Schelm wird kräftig geschüttelt.

Eins, zwei, drei, vier, fünf Matrosen
werden jetzt auf Reisen gehn.
Eins, zwei, drei, vier, fünf Matrosen
wollen sich die Welt besehn.
Der Daumen ist als Koch dabei,
zum Mittag gibt's Spinat und Ei.
Der Zeigefinger, daß ihr's wißt,
reist auf dem Schiff als Maschinist.
Der Mittelfinger, seht mal an,
ist unser langer Steuermann.
Ringfinger ist der Kapitän,
muß immer nach dem Rechten sehn.
Der kleine Finger, frech und keck,
springt als letzter auf das Deck.

Beim Zählen werden die Finger der Reihe nach berührt. Während des Textes faßt man immer den Finger an, von dem gerade die Rede ist.

Katzen können Mäuse fangen,
haben Krallen scharf wie Zangen,
schlüpfen durch die Bodenlöcher,
auch zuweilen auf die Dächer.
Mäuschen mit den Ringelschwänzchen
machen auf dem Dach ein Tänzchen.
Leise, leise kommt die Katz',
fängt sie all' auf einen Satz!

Die Finger der rechten Hand sind die Mäuse und tanzen auf dem Tisch herum. Die linke Hand bildet eine Faust, die sich leicht öffnet, und so entsteht ein Loch, in welches die Mäuse schlüpfen. Die Fingerspitzen der rechten und linken Hand aneinandergelegt ergeben ein Dach. Mit dem Zeigefinger machen wir kreisende Bewegungen in der Luft und stellen so die Ringelschwänze dar. Zum Schluß sind die Finger der rechten Hand wieder die Mäuse, die von der linken Hand, der Katze, gefangen werden.

Regen tripp und Regen trapp
schüttel ich vom Händchen ab.
Erst die Rechte, dann die Linke,
machen beide winke, winke.
Auf und nieder rüttel ich –
alle Hände schütteln sich!

Erst trommeln wir mit den Fingern einen leisen Regen auf die Tischplatte, dann schütteln wir die Hände abwechselnd, und schließlich schütteln wir gleichzeitig beide Hände kräftig.

Fährt ein Schiffchen übers Meer,
wackelt hin und wackelt her.
Kommt ein frischer Wind,
fährt das Schiff geschwind.
Kommt ein starker Sturm daher,
schüttelt's arme Schifflein sehr.
Und auf einmal, bum,
fällt das Schifflein um!

Für das Schiff legen wir beide Hände aneinander und stellen die Daumen hoch. Sie sind das Segel. Dann spielen wir mit diesem Schiff dem Text entsprechend.

Das ist das dicke Babettchen,
das will nie ins Bettchen.
Die Elfriede
ist auch nie müde.
Der lange Klaus
muß noch mal raus.
Der Peter unterdessen,
der will noch etwas essen.
Nur unser Kleinchen ist lieb und nett,
nimmt Teddy am Beinchen und geht ins Bett.

Mit dem Daumen beginnend, wird ein Finger nach dem anderen angefaßt.

Bim, bam, bei,
die Henne legt ein Ei.
Sie legt es in das Nest
und setzt darauf sich fest.
In dem Eichen weiß und rein
schläft ein kleines Küchelein.
Sieh nur, sieh! Eischal' bricht,
und das Küchlein kommt ans Licht.
Guckt mit schwarzen Äugelein
lustig in die Welt hinein.
Piep, piep, piep!

Wir legen die beiden Handflächen so aneinander, daß sie ein Ei bilden. Dann öffnen wir sie zum Nest, in das wir die beiden Daumen hineinlegen. Wieder schließen wir die Hände zum Ei, welches, dem Text entsprechend, auseinanderbricht. Die Fingerspitzen von Zeigefinger und Daumen legen wir aneinander und gucken wie bei einer Brille hindurch. Die letzte Zeile wird durch Öffnen und Schließen von Zeigefinger und Daumen dargestellt.

Rupfe, rupfe Gräschen,
es sitzen da zwei Häschen,
und kommt der wilde Jäger dort,
husch, sind sie alle beide fort!

Zeigefinger und Mittelfinger werden als Hasenohren in die Höhe gestreckt. Die übrigen Finger legt man zusammen. Sie bilden das Schnäuzchen des Hasen und rupfen das Gras. Am Schluß verschwinden die Hasen hinter dem Rücken des Spielers.

Wovon ist mein Däumchen so dick?
Der ist einmal in den Wald gegangen,
der hat dort einen Hasen gefangen,
der trug ihn heim mit vieler Müh',
der hat ihn gebraten bis morgens früh,
und dieses Däumchen dick und klein,
das aß das ganze Häschen allein.
Davon ist mein Däumchen so dick!

Zuerst wird der Daumen als einziger Finger hochgestreckt und hin und her bewegt. Dann fassen wir, mit dem kleinen Finger beginnend, alle Finger an, bis wir wieder beim Daumen sind.

Fünf Männlein sind in den Wald gegangen,
die wollten den Osterhasen fangen.
Der erste, der war so dick wie ein Faß,
der brummte immer: »Wo ist der Has'?«
Der zweite rief: »Sieh da, sieh da!
Da ist er ja, da ist er ja!«
Der dritte war der allerlängste,
doch leider auch der allerbängste,
der fing gleich an zu weinen:
»Ich sehe aber keinen!«
Der vierte sagte: »Das ist mir zu dumm,
ich mach' nicht mehr mit, ich kehr' wieder um!«
Der Kleinste aber, wer hätt' das gedacht,
der hat den Hasen nach Hause gebracht!
Da haben alle Leute gelacht:
ha, ha, ha, ha, ha!

Dem Text entsprechend fassen wir einen Finger nach dem anderen an.

Zehn kleine Zappelmänner
zappeln hin und her.
Zehn kleine Zappelmänner
finden das nicht schwer.

Zehn kleine Zappelmänner
zappeln auf und nieder.
Zehn kleine Zappelmänner
tun das immer wieder.

Zehn kleine Zappelmänner
zappeln rund herum.
Zehn kleine Zappelmänner,
die sind gar nicht dumm.

Zehn kleine Zappelmänner
spielen mal Versteck.
Zehn kleine Zappelmänner
sind auf einmal weg!

Unsere Finger sind die Zappelmänner, die sich dem Text entsprechend hin und her, auf und nieder und im Kreis bewegen. Am Ende verstecken wir sie hinter dem Rücken.

Fünf nackte Brüderlein,
die gingen mal spazieren.
Der erste, der der dickste war,
der wollt' die andern führen.
Da sagt der zweite: »Nein,
den Weg weiß ich allein!«
Der Längste sprach: »Nein, ich!
Ihr alle hört auf mich!«
Der vierte sprach: »Mich müßt ihr fragen,
ich bin geboren, Gold zu tragen!«
Der fünfte war der Kleine,
ihr wißt schon, wen ich meine.
Er sprach bei sich: »Ich sag' nicht viel,
wir sitzen all' an einem Stiel!«
Da kamen rasch zehn andre an
und brachten ihnen Strümpfe,
daß keins den andern sehen kann –
da schwiegen alle fünfe.

Beim Sprechen werden die Finger der Reihe nach angefaßt. Zum Schluß zieht der Erwachsene dem Kind Handschuhe an.

Es tröpfelt – es regnet –
es gießt – es hagelt –
es blitzt – es donnert –
alle Leute laufen schnell nach Haus!

Erst mit zwei Fingern, dann mit allen zusammen wird auf dem Tisch, immer lauter werdend, das Geräusch des Regens nachgeahmt, dann mit den Fingerknöcheln das des Hagels. Beim Blitz zuckt die rechte Hand durch die Luft, beim Donner schlagen beide Fäuste auf den Tisch. Zum Schluß verschwinden sie schnell auf dem Rücken.

Der sagt: »Es regnet, da werde ich naß.«
Der sagt: »Es regnet, das ist kein Spaß.«
Der sagt: »Es regnet, da geh' ich nicht aus.«
Der sagt: »Es regnet, da bleib' ich im Haus.«
Der sagt: »Es regnet, doch will ich nicht warten
und geh' unterm Schirm in den Kindergarten.«

Die Finger werden der Reihe nach angefaßt. Beim letzten Finger angelangt, legen wir die Fingerspitzen so aneinander, daß sie ein Dach bilden, und halten sie über den Kopf des Kindes.

Auf dem Apfelbaum
ist ein kleines Nest.
Vögelchen im Traum
schlafen darin fest.
Katze klettert auf den Baum,
weckt die Vöglein aus dem Traum.
Seht, sie fliegen fort geschwind
wie der Wind, wie der Wind!
Und die Katze geht nach Haus,
fängt sich eine dicke Maus!

Die gespreizten Finger der linken Hand stellen den Baum dar. Für das Nest machen wir aus den Händen eine Mulde und legen beide Daumen hinein. Dann stellen wir die linke Hand wieder hoch und krabbeln mit Zeigefinger und Mittelfinger der rechten Hand am Unterarm hinauf. Der Zeigefinger weckt die Vögel, indem er leicht in die linke Handfläche klopft. Beide Hände bewegen sich dann auf und nieder und deuten so das Flügelschlagen der Vögel an. Die linke Hand wird jetzt wieder hochgestellt, und Zeigefinger und Mittelfinger krabbeln herunter. Bei »dicke Maus« kann man sich selbst oder ein anderes Kind fangen.

Fünf kleine Mäuschen
spitzen ihre Öhrchen,
wackeln mit den Schwänzchen.
Kommt der Kater Muck:
husch! Fort sind alle Mäuschen:
schlack, schleck, schlick, schlock, schluck!

Die Finger der rechten Hand werden hin und her bewegt. Dann strecken wir den Zeigefinger hoch und deuten Ohren und Schwänze an. Die linke Hand ist der Kater und nähert sich langsam. Bei jedem Wort aus der letzten Zeile wird ein Finger der rechten Hand nach innen gekrümmt.

Steigt ein Büblein auf den Baum,
steigt so hoch, man sieht es kaum.
Hüpft von Ast zu Ästchen,
guckt ins Vogelnestchen.
Ei, da lacht es!
Ei, da kracht es!
Plumps, da liegt es unten!

Der Unterarm und die gespreizten Finger der Hand stellen den Baum dar. Zeige- und Mittelfinger der anderen Hand steigen am Arm hoch und gehen von einem Finger zum anderen. Bei »kracht es« krümmt man den Finger, bei dem sie angekommen sind, und Zeige- und Mittelfinger plumpsen herab.

Mein Häuschen ist nicht ganz gerade.
Ist das aber schade!
Mein Häuschen ist ein wenig krumm.
Ist das aber dumm!
Puh! Bläst der böse Wind hinein.
Bauz! Fällt mein ganzes Häuschen ein!

Die Fingerspitzen beider Hände legen wir so aneinander, daß ein spitzes Dach entsteht. Anfangs ist das Haus nur etwas schief, dann neigt es sich immer mehr. Wir pusten richtig hinein, und zum Schluß, wenn das Haus einfällt, klatschen wir in die Hände.

Himpelchen und Pimpelchen
stiegen auf einen Berg.
Himpelchen war ein Heinzelmann
und Pimpelchen war ein Zwerg.
Sie blieben lange oben sitzen
und wackelten mit den Zipfelmützen.
Doch nach fünfundvierzig Wochen
sind sie in den Berg gekrochen.
Schlafen dort in guter Ruh',
seid ganz still und hört mal zu:
»Ch – ch – ch – ch.«
Hoppla, hoppla, tralala!
Himpelchen und Pimpelchen sind wieder da!

Die beiden Daumen – Himpelchen und Pimpelchen – werden nacheinander gezeigt und dann langsam hochgehoben. In den nächsten Zeilen werden die Daumen »vorgestellt«. Sie werden zunächst ruhig gehalten und dann kräftig hin und her bewegt. Als nächstes verschwinden die Daumen in der Faust. Bei der vorletzten Zeile klatscht man in die Hände und weckt so die Langschläfer. Beide Daumen werden zum Abschluß noch einmal hochgehoben.

Die beiden Daumen dick und klein,
die stiegen in ein Schiff hinein.
Das Schifflein fuhr hinaus aufs Meer,
das freute unsre Däumchen sehr.

Auf einmal kam der Wind daher
und blies und blies ins weite Meer.
Die Wellen wogten ringsherum,
sie warfen fast das Schifflein um!

Da ward's den Däumchen bang zumut:
»Ach, lieber Wind, sei doch so gut
und stell das dumme Blasen ein!
Wir fürchten uns so ganz allein!«

Da blies der gute Wind nicht mehr
und schickte Sonnenschein aufs Meer.
Die Däumchen fuhren heim geschwind
und riefen: »Schönen Dank, Herr Wind!«

Die Hände legen wir so aneinander, daß ein Schiff entsteht. Die Daumen strecken wir hoch, und schon können wir, dem Text folgend, spielen.

Wir spielen und fangen lustig an

Während des Liedes klopfen wir zunächst mit dem Daumen auf die Tischplatte, bis der Zeigefinger genannt wird. Dann geht es mit diesem weiter. Wir wiederholen die Melodie, bis alle Finger dran waren. Es kann aber noch weitergehen:

- das ganze Händchen
- das Fäustchen
- der Ellenbogen
- sogleich das Füßchen
- sogleich das Köpfchen dran

Die letzte Strophe endet dann: »... und wenn das Köpfchen nicht mehr kann, dann ist das Kindchen müde. Wir schlafen, wir schlafen, wir schlafen alle ein.« Bei diesem Teil des Liedes legen wir die Arme auf den Tisch und den »müden« Kopf darauf.

Fingerfamilie

Wir beginnen beim Daumen und fassen nacheinander jeden Finger an. Zum Schluß drehen wir die ganze Hand.

In dem Walde steht ein Haus

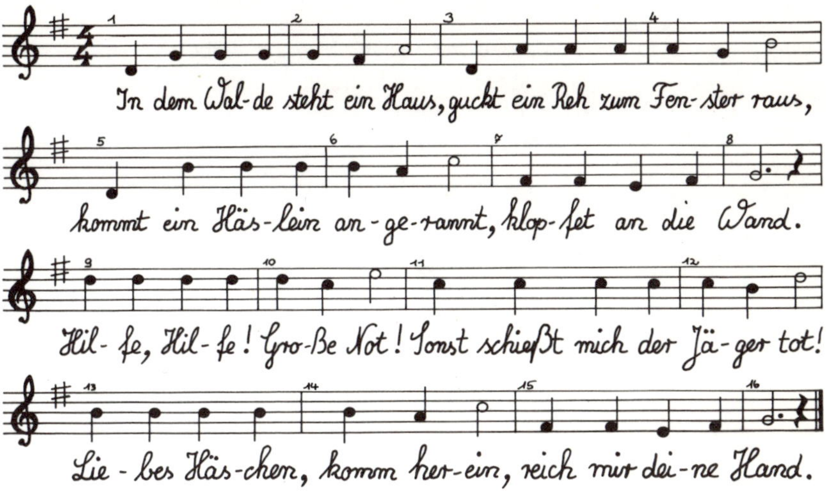

Während der Takte 1 und 2 legen wir die Fingerspitzen der Hände so aneinander, daß sie ein Haus darstellen. Bei Takt 3 und 4 stellen Zeigefinger und Daumen jeder Hand ein Fenster dar, durch das wir hindurchgucken. Bei Takt 5 und 6 ahmen unsere Hände das Hoppeln des Hasen nach. Bei Takt 7 und 8 klopfen wir mit dem rechten Zeigefinger auf den Tisch. Bei Takt 9 und 10 heben wir beide Arme und rufen um Hilfe. Bei Takt 11 und 12 ahmen wir die Bewegung des Schießens nach. Bei Takt 13 und 14 winken wir »herein«. Bei Takt 15 und 16 reichen wir uns selbst die Hand.

Spiele im Freien

Abzählreime

Eins, zwei, drei, vier, fünf, sechs, sieben,
eine alte Frau kocht Rüben,
eine alte Frau kocht Speck,
und du bist weg.

Ene, mene, muh
und aus bist du.

Eins, zwei, drei,
Butter in den Brei,
Salz auf den Speck,
du mußt weg.

Ich und du,
Müllers Kuh,
Müllers Esel,
der bist du.

Eins, zwei, drei, vier, fünf, sechs, sieben,
wo ist denn mein Schatz geblieben?
Er ist nicht hier, er ist nicht da,
er ist wohl in Amerika.

Auf dem vi–va–bunten Berge
wohnen vi–va–bunte Zwerge.
Und die vi–va–bunten Zwerge
haben vi–va–bunte Kinder.
Und die vi–va–bunten Kinder
aßen jeden Tag ein Ei:
Eins, zwei, drei,
und du bist frei!

Auf dem Berge Sinai
wohnt der Schneider Kickriki.
Schaut mit seiner Brille raus:
Eins, zwei, drei,
und du bist aus.

Eins, zwei, drei, vier, fünf,
mach dich auf die Strümpf',
mach dich auf die Schuh',
sonst bist's du!

Das ist mein Apfel,
und das ist mein' Birn',
und wenn du mich fangen willst,
mußt dich halt rühr'n!

Eins, zwei, drei,
rische, rasche, rei,
rische, rasche, Plaudertasche,
du bist frei!

Eins, zwei, drei, vier,
hinter dem Klavier
sitzt eine Maus.
Du bist raus!

Eins, zwei, drei,
du bist frei!
Vier, fünf, sechs,
du bist weg!
Sieben, acht, neun,
du mußt es sein!

Hinter Mauern, Bäumen, Hecken
wollen wir uns jetzt verstecken.
Bei den Riesen, bei den Zwergen
wollen wir uns jetzt verbergen.
Schließet eure Augen zu,
alsdann komm und suche du!

Eins, zwei, drei,
auf der Straße liegt ein Ei.
Wer drauf tritt,
der darf nicht mit.

Eins, zwei, drei, vier, fünf,
der Storch hat rote Strümpf'.
Der Frosch, der hat kein Haus,
und du bist raus!

Der Kreis ist rund,
da läuft ein Hund,
da steht eine Kuh,
und raus bist du!

Eins, zwei, drei,
auf der Polizei
ist ein kleines Kind geboren.
Wie soll man es taufen?
Katharina Rumpeltaschen.
Wer soll ihre Windeln waschen?
Ich oder du,
Müllers Kuh,
Müllers Esel,
das bist du!

Müllers dicke, faule Grete
saß auf einem Baum und nähte.
Plumps – fiel sie herab,
und du bist ab!

Eins, zwei, drei, vier, fünf, sechs, sieben, acht,
die Stiege kracht,
das Haus fällt ein –
du mußt es sein!

Auf einem Billi-Bolli-Berg,
da wohnt ein Billi-Bolli-Zwerg
mit seiner Frau Marei,
und du bist frei.

Bewegungsspiele

Katze und Maus

Bei diesem Spiel werden zwei Kinder aus der Gruppe als Katze und Maus ausgewählt. Am Anfang befindet sich die Maus innerhalb des Kreises, welchen die anderen durch Anfassen an den Händen bilden. Die Katze steht außerhalb des Kreises. Sie ruft: »Mäuschen, Mäuschen, komm heraus!« Die Maus antwortet: »Nein, ich komme nicht heraus!« »Dann fang' ich dich in deinem Haus!« ruft nun die Katze und versucht, in den Kreis einzudringen und die Maus zu fangen. Die Kinder, die den Kreis bilden, erschweren das, indem sie zusammenrücken oder die Hände senken. Die Maus jedoch hat überall freien Durchschlupf. Gelingt es der Katze, die Maus zu fangen, darf sie zwei Kinder auswählen (Abzählreim), die Katze und Maus im nächsten Spiel darstellen.

Schwarzer Mann

Auf zwei gegenüberliegenden Seiten eines größeren Platzes werden Felder abgesteckt oder durch Linien gekennzeichnet. Auf der einen Seite steht der schwarze Mann, auf dem anderen Feld die restlichen Kinder. Folgendes Gespräch entwickelt sich:

Schwarzer Mann: »Wer hat Angst vorm schwarzen Mann?«
Kinder: »Niemand!«
Schwarzer Mann: »Und wenn er kommt?«
Kinder: »Dann laufen wir!«

Sie rennen los und versuchen, das gegenüberliegende Feld zu erreichen. Der schwarze Mann läuft ihnen entgegen und macht diejenigen zu seinen Gefangenen, denen er drei Schläge geben kann. Die Gefangenen müssen ihm beim nächsten Mal fangen helfen. Wer zuletzt übrigbleibt, ist der nächste schwarze Mann.

Kämmerchen zu vermieten

Bis auf eines stehen alle Kinder in einem weiten Kreis, wobei jeder Platz durch einen Baum, einen Stein oder andere Gegenstände gekennzeichnet ist. Dasjenige, das keinen Platz hat, geht bei den anderen herum und fragt:

»Hast du ein Kämmerchen zu vermieten?«

Unterdessen tauschen die anderen hinter seinem Rücken immerfort die Plätze. Gelingt es ihm nun, einen freien Platz zu erreichen, so muß das Kind, das nun keinen Platz hat, an seiner Stelle herumgehen und nach der Kammer fragen.

Goldene Brücke

Mit Hilfe eines Abzählverses werden zwei Kinder bestimmt, die durch Emporheben ihrer angefaßten Hände eine Brücke darstellen müssen. Zuvor haben sie, ohne Wissen der anderen, heimlich ausgemacht, wer von ihnen der Engel und wer der Teufel ist. Nun singen sie das bekannte Lied:

»Zieht alle durch, zieht alle durch,
durch die gold'ne Brücke.
Sie ist entzwei, sie ist entzwei,
wir woll'n sie wieder flicken!
Mit Steinelein, mit Beinelein,
der letzte muß gefangen sein.«

Während dieser Verse ziehen die anderen in langer Reihe unter der Brücke durch. Bei den Worten »gefangen sein« lassen die beiden Kinder ihre Arme herunter. Wer gerade dazwischen ist, wird gefangen. Leise wird er gefragt, zu wem er wolle, zum Engel oder zum Teufel. Dann muß er sich hinter dem, den er gewählt hat, aufstellen. Auf diese Weise werden nach und nach alle mitspielenden Kinder gefangen. Wenn niemand mehr übrig ist, so hat derjenige von den beiden gewonnen, der am meisten Kinder hinter sich versammelt hat, also entweder der Engel oder der Teufel.

Guten Morgen, Herr Fischer!

Die Kinder stehen dicht gedrängt im Kreis. Eines geht um diesen Kreis herum und klopft einem Mitspielenden auf die Schulter. Dabei spricht es den Gruß:

»Guten Morgen, Herr Fischer!«

und beginnt sofort loszulaufen. Das begrüßte Kind läuft in entgegengesetzter Richtung um den Kreis. Wenn sich die beiden begegnen, reichen sich sich die Hände und wiederholen den obigen Gruß. Danach laufen sie jedes in seiner Richtung weiter. Wer zuerst wieder die Lücke erreicht, darf im Kreis bleiben. Das andere Kind geht herum, und das Spiel beginnt von neuem.

Wolf und Schäfchen

An diesem Spiel nehmen möglichst viele Kinder teil, denn erst dann wird es richtig interessant.
Mit Hilfe eines Abzählverses wird zunächst einmal das Kind bestimmt, das den Wolf zu spielen hat. Die anderen Kinder stellen sich in einer Reihe hintereinander auf. Jedes von ihnen legt seine Hände um die Taille des Vordermannes. Das älteste von ihnen stellt man am besten an die Spitze der Reihe, denn es muß als Schäfer dafür Sorge tragen, daß ihm der Wolf kein Schaf aus seiner Herde stiehlt. Er darf jedoch immer nur das letzte Schaf stehlen.
Jedes Schaf, das der Wolf fängt, muß sich nun hinter ihm aufstellen. Auf diese Weise nimmt die Herde des Wolfes immer mehr zu, während die des Schäfers ständig abnimmt. Schließlich wird die Wolfsherde so groß sein, daß sie die Herde der Schafe umstellt, so daß diese nicht mehr fliehen können. Jetzt wird es für den Wolf ein leichtes sein, die Schafherde ganz zu fassen und damit das Spiel zu beenden.

König, ich bin in deinem Land

Die Kinder wählen mit Hilfe eines Abzählverses einen König aus ihrer Mitte. Ihm wird ein Land zugeteilt, das durch eine Grenzlinie, die er nicht überschreiten darf, gekennzeichnet ist. Die restlichen Kinder stehen seinem Reich gegenüber und versuchen, dort einzudringen und ihn zu bestehlen. Mit dem Ruf:

»König, ich bin in deinem Land,
ich stehl' dir Gold und Silbersand!«

überschreiten sie die Grenzlinie und tun so, als ob sie vom Boden etwas aufheben. Wer vom König dabei erwischt wird, muß seine Stelle einnehmen.

Blindekuh

Dem Kind, das Blindekuh sein soll, werden die Augen verbunden. Die übrigen Kinder beginnen nun, die Blindekuh zu umtanzen und zu necken. Währenddessen muß diese versuchen, eines von ihnen zu fangen. Wer einmal gefaßt ist, darf nicht wieder entfliehen und ist von jetzt an Blindekuh.

Schlange und Vögel

Vier oder fünf Kinder fassen sich an den Händen und bilden eine Schlange; die anderen rennen als Vögel flügelschlagend umher. Die Schlange, die nie auseinanderbrechen darf, versucht nun, einen Vogel zu fangen. Sie muß ihn dazu völlig einkreisen. Sobald Kopf und Schwanz der Schlange sich die Hände reichen können, ist der Vogel in der Mitte gefangen und muß sich der Schlange angliedern, die so immer länger wird. Nun macht sie sich an einen anderen Vogel heran, bis schließlich alle gefangen sind.

Der Wolf kommt

Ein Spieler ist der Wolf und versteckt sich. Die anderen (ungerade Zahl!) sind die Hasen, die umherhoppeln. Plötzlich taucht der Wolf aus seinem Versteck auf und ruft:

»Der Wolf kommt!«

Jetzt muß jeder Hase zu einem anderen rennen und ihn bei der Hand fassen. Es dürfen sich aber nur Paare bilden. Ein Hase bleibt allein und wird vom Wolf gejagt. Die Hasenpaare aber versuchen, ihn daran zu hindern, indem sie ihm den Weg immer wieder versperren. Ist der Hase schließlich gefangen, verwandelt er sich seinerseits in den Wolf.

Tiermarkt

Zwei Kinder werden durch Abzählen bestimmt. Das eine ist der Käufer, das andere der Verkäufer. Der Käufer entfernt sich, während der Verkäufer jedem Kind einen Tiernamen gibt, den es sich gut merken muß. Jetzt kommt der Käufer wieder und erklärt, daß er ein Tier kaufen will. Nennt er dabei einen Namen, der nicht vergeben wurde, so bedauert der Verkäufer. Sagt er jedoch einen richtigen Tiernamen, so nennt der Verkäufer einen Preis. Bis der Käufer ihn bezahlt, läuft das Kind mit dem genannten Tiernamen fort, und der Käufer muß nach dem Bezahlen versuchen, es einzufangen. Gelingt es ihm, so führt er es in sein Haus. Kann das Tier jedoch wieder das Haus des Verkäufers erreichen, so geht der Käufer leer aus. Er muß es aufs neue versuchen. Das Kind bekommt für das nächste Spiel einen neuen Tiernamen.
Statt allgemeiner Tiernamen kann man sich auf eine bestimmte Gruppe einigen: nur Vogelnamen, nur Haustiere oder nur Raubtiere.

Verstecken ohne Anschlagen

Diese einfache Art des Versteckspielens ist etwas für die ganz Kleinen. Bis auf eines, das von den Erwachsenen bestimmt oder aber ausgezählt wird, verstekken sich alle. Sie zu finden, ist nun die Aufgabe für das Kind, das zuvor dafür ausgesucht wurde. Im nächsten Spiel muß das Kind suchen, das zuerst entdeckt worden ist.

Verstecken mit Anschlagen

Mit Hilfe eines Abzählverses wird eines der Kinder zum Sucher bestimmt. Es muß sich mit dem Gesicht zur Wand stellen und langsam laut bis zehn zählen. Während dieser Zeit verstecken sich die übrigen Kinder in nicht allzu großer Entfernung. Nach Beendigung des Zählens beginnt das Kind mit dem Suchen. Hat es jemand entdeckt, zum Beispiel die Petra, so läuft es zu der Stelle zurück, an der es gestanden und gezählt hat. Dort schlägt es dreimal mit der Hand gegen die Wand und ruft laut:

»Eins, zwei, drei für Petra!«

Gleichzeitig ist jedoch auch dieses Kind zu der Anschlagstelle gerannt. Gelingt es einem Kind vor dem suchenden dort anzukommen, so schlägt es mit den Worten:

»Eins, zwei, drei, ich bin frei!«

dreimal an die Wand und entgeht dadurch der Gefahr, beim nächsten Mal suchen zu müssen.
Das suchende Kind muß immer aufmerksam und vorsichtig sein, denn während es in der einen Richtung sucht, benutzen die auf einer anderen Seite versteckten Kinder die Gelegenheit, zur Anschlagstelle zu laufen und sich freizuschlagen. Wer zuletzt angeschlagen wird, muß beim nächsten Mal suchen. Gelingt es dem suchenden Kind nicht, ein anderes anzuschlagen, so muß es beim nächsten Spiel noch einmal suchen.

Marder im Hühnerstall

Der Hühnerstall besteht aus einem Kreis von Kindern, die sich an den Händen halten. Im Kreis steht der Marder, außerhalb des Kreises der Bauer.

Bauer: »Marder, was machst du im Hühnerstall?«
Marder: »Ich hole mir einen Braten!«
Bauer: »Dafür will ich dich schlagen!«
Marder: »Dein Hühnerstall ist löcherig,
willst du mich schlagen, so fange mich!«

Nun versucht der Bauer, den Marder zu fangen. Dabei muß er jedoch darauf achten, daß er immer durch dasselbe Loch schlüpft, durch das auch der Marder geschlüpft ist.

Ochs am Berg

»Ochs am Berg«, das heißt nichts anderes, als daß sich eines der mitspielenden Kinder als Ochse, durch einen Abzählvers bestimmt, zunächst mit dem Gesicht zur Hauswand stellen muß. Etwa zehn bis fünfzehn Meter hinter seinem Rücken stellen sich die anderen Kinder in einer Reihe nebeneinander auf. Sobald der Ochse ruft:

»Ochs am Berge, eins, zwei, drei!«

setzen sie sich alle mit trippelnden Schritten in Bewegung. Dabei müssen sie sehr vorsichtig sein, denn der Ochse dreht sich nach diesem Satz sofort um, und wen er bei irgendeiner Bewegung überrascht, der muß zur Ausgangslinie zurück. Gewonnen hat das Kind, das zuerst, ohne erwischt zu werden, die Hauswand berührt.

Hänschen, piep einmal!

Ein Kind wird mit Hilfe eines Abzählverses bestimmt. Es bekommt eine Binde über die Augen und muß sich in der Mitte eines Kreises aufstellen, der von den restlichen Kindern gebildet wird. Sie tanzen nun um das Kind so lange herum, bis es »halt« ruft. In diesem Augenblick bleiben alle stehen. Nun geht es auf eines der Kinder zu und tastet sein Gesicht ab. Dazu aufgefordert, muß dieses Kind einen Ton von sich geben, etwa »piep«, wobei es dies mit möglichst verstellter Stimme tun sollte. Gelingt es dem Kind mit den verbundenen Augen auch dann noch nicht, den Namen des Kindes zu erraten, so muß es sich wieder in die Mitte des Kreises begeben, und das Spiel beginnt von neuem. Errät es jedoch den richtigen Namen, so ist es erlöst und darf dem gefangenen Kind die Augen verbinden.

Bock, Bock, schiele nicht!

Die Anzahl der Kinder muß ungerade sein. Ein Kind wird abgezählt und ist jetzt der Bock. Die übrigen stellen sich paarweise hintereinander auf. Der Bock stellt sich vor die Paare, doch so, daß er diesen den Rücken zuwendet. Er klatscht in die Hände und ruft:

»Bock, Bock, schiele nicht!«

Sogleich teilt sich das zuletzt stehende Paar und läuft, ein Spieler von links, ein Spieler von rechts, an dem vorne stehenden Bock vorüber. Während die zwei Kinder bemüht sind, sich wieder zu treffen, versucht der Bock, eins von beiden zu fangen. Gelingt es den beiden, sich wieder an den Händen zu fassen, so stellen sie sich als erstes Paar hinter den Bock, der wieder klatschen und rufen muß. Gelingt es ihm aber, einen der Laufenden zu fangen, so bildet er mit diesem das erste Paar, während der übriggebliebene Spieler als Bock das Spiel fortsetzt.

Froschteich

Zwei Froschteiche werden – in einigem Abstand voneinander – auf den Boden gezeichnet. Die unruhigen Frösche möchten nun gern von einem Wasserloch ins andere hinüberwechseln, müssen dabei aber den Landstreifen passieren, auf dem drei Störche herumstelzen. Gelingt es einem Storch, einen Frosch zu fangen, so tauschen beide ihre Rollen. Die Größe der Teiche und die Anzahl der Störche richtet sich nach der Zahl der spielenden Kinder. Die Fortbewegungsart kann dem Alter der Kinder angepaßt werden: Die Kleinen laufen, die Großen hüpfen oder stelzen.

Dreht euch nicht um!

Eine Kind wird abgezählt, erhält ein zusammengeknotetes, sauberes Taschentuch und ist der »rote Fuchs«. Die anderen Kinder bilden einen Kreis, und während der Fuchs außen um sie herumgeht, sagen sie folgenden Vers auf:

»Dreht euch nicht um,
denn der rote Fuchs geht herum.
Wer sich umdreht oder lacht,
der bekommt eins, daß es kracht!«

Inzwischen hat der Fuchs sein Tuch hinter dem Rücken eines Kindes fallen lassen. Merkt dieses es nicht und der Fuchs gelangt wieder bei ihm an, so hebt er das Tuch auf, schlägt dem unaufmerksamen Spieler auf den Rücken und sagt:

»Eins, zwei, drei, faules Ei!«

Dieser Spieler muß als Strafe in die Mitte des Kreises, bis ein anderes Kind ihn ablöst. Der Fuchs aber darf noch einmal sein Tuch hinter einem Kind fallen lassen.
Hat dieser Spieler das Tuch bemerkt, so hebt er es auf und versucht, den Fuchs zu fangen. Gelingt es diesem, den freien Platz des Kindes zu erreichen, so ist er gerettet. Fängt ihn jedoch das Kind, so muß er in die Kreismitte, und der Fänger darf die Rolle des Fuchses übernehmen.

Hundehütte

Für dieses Spiel übernimmt entweder ein Erwachsener die Spielleitung, oder es wird ein Kind abgezählt. Die Kinder werden in zwei Gruppen geteilt und zwar so, daß in einer Gruppe ein Kind weniger ist als in der anderen. Diese Kinder bilden einen Kreis und grätschen die Beine. Sie stellen die Hundehütte dar. Die anderen Kinder sind Hunde und laufen frei herum. Auf ein Zeichen des Spielleiters (Klatschen oder Pfeifen auf einer Trillerpfeife) versuchen die Hunde, in die Hütte zu kommen. Bei jedem Kind, das in der Grätsche steht, darf aber nur einer durch. Das übriggebliebene Kind muß sein Glück im nächsten Durchgang wieder als Hund versuchen. Die Spieler, die eben die Hundehütte bildeten, werden nun die Hunde, die anderen Hütte. Hunde und Hütte wechseln also nach jedem Spielgang.

Fuchs und Hühner

Ein Kind wird mit Hilfe eines Abzählreimes als Fuchs ausgewählt. Es geht herum und sammelt Stöckchen, die im Gras herumliegen. Die Hühner laufen ihm nach.

Hühner: »Was tust du, alter Fuchs?«
Fuchs: »Ich mach' ein Feuer an.«
Hühner: »Wozu?«
Fuchs: »Zum Wasserkochen.«
Hühner: »Was willst du mit dem Wasser?«
Fuchs: »Ein Hühnchen kochen.«
Hühner: »Woher denn?«
Fuchs: »Aus eurer Schar!«

Jetzt stieben die Hühner auseinander, und der Fuchs versucht, eins zu fangen. Der Gefangene wird im neuen Spiel Fuchs, der alte Fuchs wird Huhn.

Handwerkraten

Die Kinder werden in zwei Gruppen geteilt. Jede Gruppe nimmt an einem Ende des Spielfeldes Aufstellung. Vor beiden wird eine Linie gezogen, die von der anderen Gruppe nicht überschritten werden darf. Nun entscheidet man mit einem Abzählreim, welche Gruppe beginnt. Die Kinder dieser Gruppe beraten im Flüsterton, welches Handwerk und wie sie es darstellen wollen. Dann gehen sie auf die zweite Gruppe zu.

Gruppe I: »Wir kommen aus dem Mohrenland.
Die Sonne hat uns braungebrannt.
Wir sehen aus wie Mohren
und haben so-o-o große Ohren.«
Gruppe II: »Halt! Ihr Lumpenpack!«
Gruppe I: »Nein! Ehrliche Handwerker sind wir!«
Gruppe II: »Dann zeigt uns euer Handwerk!«

Die Kinder der Gruppe I stellen nun pantomimisch das vorher ausgewählte Handwerk dar. Gruppe II muß herausfinden, um welches es sich handelt. Die Bezeichnung des Handwerks muß laut gerufen werden, so daß alle es hören können. Wird richtig geraten, so rennen alle Kinder der Gruppe I auf ihre Linie zu, während die von Gruppe II versuchen, sie zu fangen. Sind alle Kinder der Gruppe I hinter der Linie in Sicherheit oder gefangen, so ziehen sich die Kinder der Gruppe II mit ihren »Gefangenen« wieder zurück und beraten nun ihrerseits, welches Handwerk sie darstellen wollen. Das Spiel kann, mit immer wechselnden Seiten, beliebig oft wiederholt werden.

Schattennachlauf

An schönen Sonnentagen läßt sich dieses Nachlaufspiel gut spielen. Es geht darum, den Schatten des gejagten Kindes mit dem Fuß deutlich sichtbar zu berühren. Wessen Schatten »betreten« wurde, der »muß« von nun an.

Geschicklichkeitsspiele

Paradieshüpfen

Eine etwas leichtere Variation des bekannten »Paradieshüpfens« ist die folgende. Die abgebildete Figur wird auf den Boden gezeichnet. Ein Kind beginnt mit dem Spiel. Es wirft einen Stein ins erste Feld. Dann hüpft es auf einem Bein nach und stößt mit dem Fuß den Stein nacheinander durch alle Felder, und zwar von Feld 4 direkt nach Feld 7, der Hölle. Bevor der Stein jedoch ins Paradies, Feld 8, gekickt werden darf, muß das Kind 5 Kreuzsprünge machen, die folgendermaßen auszuführen sind:

1. Sprung: rechter Fuß in Feld 5, linker Fuß in Feld 6
2. Sprung: rechter Fuß in Feld 7, linker Fuß in Feld 4
3. Sprung: rechter Fuß in Feld 6, linker Fuß in Feld 5
4. Sprung: rechter Fuß in Feld 4, linker Fuß in Feld 7
5. Sprung: rechter Fuß in Feld 5, linker Fuß in Feld 6

Jetzt erst darf der Stein, wiederum auf einem Bein, ins Paradies gestoßen werden. Dort darf sich das Kind einige Zeit ausruhen. Danach wird der Stein auf dieselbe Weise zum Ausgangsfeld zurückbefördert, wobei wieder die Kreuzsprünge auszuführen sind.
Bei dem ganzen Spiel darf weder eine Linie berührt noch der Stein aus einem der Felder hinausgestoßen werden. Allerdings darf man ihn durch mehrere Felder hindurchstoßen. Wenn ein Fehler gemacht wird, kommt das nächste Kind an die Reihe.

Ballfangen

Das Ballfangen ist die Grundübung und Voraussetzung für alle Ballspiele. Das Kind soll lernen, einen fliegenden Ball zu fangen und nicht wieder fallen zu lassen.

Man fängt mit der leichtesten Übung an: Das Kind soll den Ball mit beiden Händen in die Luft werfen und auch mit beiden Händen wieder auffangen. Hat es das mehrmals erfolgreich getan, so kann es den Ball mit einer Hand in die Höhe werfen und mit beiden Händen auffangen. Hiernach wirft es den Ball mit einer Hand hoch und fängt ihn dann mit derselben Hand. Nun wird es immer schwieriger. Die nächste Aufgabe besteht darin, den Ball mit der einen Hand hochzuwerfen und mit der anderen zu fangen. Wenn das Kind diese Übungen alle beherrscht, kann es den Ball mit einer Hand in die Höhe werfen, dann ein oder mehrere Male in die Hände klatschen und ihn mit beiden Händen wieder auffangen. Noch schwieriger wird das Spiel, wenn es nur mit einer Hand fangen darf.

Als letzte Fangübung muß das Kind den Ball in die Höhe werfen, sich zuerst einmal, später mehrmals um die eigene Achse drehen und den Ball wieder auffangen.

Diese Aufgaben kann man zu einem Spiel – die sieben Künste – zusammenfassen, an dem mehrere Kinder teilnehmen können. Dabei wird von einem Kind eine Übung nach der anderen durchgeführt. Fällt ihm dabei der Ball hin, so muß es aufhören, und das nächste Kind kommt dran. Es darf aber, wenn die Reihe wieder an ihm ist, da fortfahren, wo es den Fehler gemacht hatte. Wer zuerst alle sieben Künste geschafft hat, ist Sieger.

Blindekuh mit Klingel

Dieses Spiel unterscheidet sich wesentlich von den anderen Blindekuhspielen. Während bei ihnen nur einem der mitspielenden Kinder die Augen verbunden werden, erhalten hier alle – bis auf eins – eine Binde vor die Augen. Dieses bekommt eine Glocke und muß damit läuten, während die anderen versuchen, es zu fangen. Schnell kommt es zu den lustigsten Situationen. Wem es gelingt, das Kind mit der Glocke zu fangen, darf die Augenbinde ablegen und die Glocke übernehmen.

Tigerball

Die Kinder bilden eine Kreis. In der Mitte des Kreises steht der Tiger, der durch einen Abzählreim ermittelt wurde. Die im Kreis stehenden Kinder rollen und werfen sich den Ball zu. Der Tiger hat die Aufgabe, den Ball zu fangen oder wenigstens zu berühren. Gelingt ihm das, so wird das Kind Tiger, bei dessen Wurf der Ball berührt wurde.
Wenn der Kinderkreis sehr groß ist, sollten mehrere Tiger gewählt werden. Das Spiel kann auch von nur drei Spielern gespielt werden: Zwei stehen sich gegenüber, der dritte steht dazwischen und versucht, den Ball zu fangen.

Tritt auf das Seil!

Ein Kind, das mit einem Abzählreim ausgewählt wurde, bekommt ein etwa zwei Meter langes Seil. Dieses zieht es mit schlängelnden Bewegungen hinter sich her. Die anderen Kinder versuchen, auf das zappelnde und zuckende Seil zu treten. Derjenige, dem das gelingt, darf den Seilführer ablösen.

Einfaches Reifenspiel

Für dieses Spiel benötigt man einen ganz einfachen, leichten Holz- oder Plastikreifen, wie man ihn überall kaufen kann. Auf einer möglichst ebenen, höchstens nur sachte abfallenden Strecke bringen die Kinder den Reifen ins Rollen, indem sie mit einem kleinen Stöckchen daran schlagen, also ständig neben dem rollenden Reifen herrennen.
Nehmen mehrere Kinder an diesem Spiel teil, so kann man ein »Wettreifen« daraus machen: Irgendwo wird eine Ziellinie gezogen, an der sich ein älteres Kind oder ein Erwachsener als Schiedsrichter aufstellt. Auf sein Zeichen »reifen« die Kinder an der Startlinie gleichzeitig los. Wer zuerst mit seinem Reifen die Ziellinie überrollt hat, ist Sieger.

Einsammeln

Auf eine zentrale Stelle unseres Spielfeldes legen wir drei- bis viermal so viele Gegenstände wie Kinder mitspielen. Es können kleine Spielsachen, Bausteine, bunte Ostereier oder beim Spaziergang gesammelte Kastanien sein. Von diesem Punkt aus entfernt man sich nun zehn bis fünfzehn Schritte und kennzeichnet die Stelle. Für jedes mitspielende Kind wird auf diese Weise ein »Haus« gefunden. Die Kinder stellen sich jedes in sein Haus. Auf ein Startzeichen hin laufen sie los und holen einen Gegenstand, den sie in ihr Haus tragen. Sofort laufen sie wieder zur Mitte und holen einen neuen. Wer zum Schluß die meisten Dinge in seinem Haus hat, ist Sieger.

Klickerspiel

Jedes Kind hat gleich viele Klicker (auch Murmeln genannt), etwa fünf Stück. Nun wird in ein möglichst glattes Stück Boden ein kleines Loch gegraben. Aus einer Entfernung von etwa drei Metern versuchen die Kinder nun nacheinander, einen Klicker in das Loch zu rollen. Wem es gelingt, darf alle Klicker, die bis dahin schon vergeblich an das Loch gerollt wurden, einsammeln und behalten. Sieger ist dasjenige Kind, das zum Schluß die meisten Klicker besitzt.

Reifenwerfen

Die Reifen kann man aus dünnen Hasel- oder Weidenzweigen selbst herstellen. Die Enden werden fest verbunden und der ganze Reifen dann mit bunten Papierstreifen umwickelt. Am Spielplatz oder im Garten wird ein nicht zu hoher Holzpflock in den Boden eingeschlagen. Die Kinder müssen nun versuchen, die Reifen aus einiger Entfernung über den Pflock zu werfen.

Murmeltreffen

Das ist ein Spiel für Zwei. Auf dem Boden, der sehr glatt und eben sein sollte, wird mit Kreide eine Startlinie gezogen. Von dieser Linie aus versucht das erste Kind, eine Murmel so weit wie möglich zu rollen. Die Aufgabe für das zweite besteht nun darin, mit einem Versuch die Murmel des ersten zu treffen. Gelingt es ihm, so gehört auch die getroffene Murmel ihm. Gelingt es ihm nicht, so holt das erste Kind seine Murmel zurück und versucht nun, die des zweiten Kindes zu treffen.

Spiele im Haus

Rätsel

Zwei kleine Freunde
hat ein jedes Kind.
Sie helfen ihm den Löffel führen
und auch in der Tasse rühren,
auch das Näschen putzen
und die Haare schön zu stutzen,
feste in das Wasser patschen
und gar fröhlich dann zu klatschen.

(die Hände)

Wer kann das Rätsel raten?
Es gibt fünf Kameraden,
der eine dick, der andere fein,
der eine groß, der andere klein.
Doch leben sie zu jeder Zeit
in treuer Lieb' und Einigkeit.
Sie zanken nicht und streiten nicht,
und keiner nur ein Wörtlein spricht.
Und was ihr Herr nur haben will,
tun sie zusammen, flink und still.

(die Finger)

Wir wandern mit dir, Schritt für Schritt,
wir laufen, springen, hüpfen mit.
Rechts und links und trapp, trapp, trapp,
geht's die Straße auf und ab.
Liegst im Bett du dann zu Haus',
ruhen wir uns gleichfalls aus!

(die Beine)

Die Schimmelchen, die weißen,
können kauen und beißen.
Doch jedes Kind wird wissen,
daß wir sie putzen müssen.

(die Zähne)

Ach, ach, ach!
Wer läuft mir immer nach?
's ist ein kleiner schwarzer Mann,
der ohne mich nicht laufen kann.

(der eigene Schatten)

Ich kenn' zwei kleine Fensterlein
in einem kleinen Haus,
draus guckt den lieben langen Tag
ein kleiner Schelm heraus.
Doch abends, wenn es dunkel wird
und alles geht zur Ruh',
dann macht geschwind der kleine Schelm
die Fensterläden zu.

(die Augen)

Ich weiß ein Ding in deinem Gesicht,
etwas verkehrteres gibt es nicht.
Die Flügel unten, die Wurzel oben,
den Rücken vorne, alles verschoben!
Was ist das?

(die Nase)

Sie ist aus Glas
und reitet auf der Nas'.

(die Brille)

Ich weiß ein Ding, das ist von Leder,
und an den Füßen trägt's ein jeder.

(die Schuhe)

Weißt du es, so tu's mir kund:
Was ist vorn und hinten rund,
ganz aus Stahl und Eisen?
Mit 'ner Kette läuft es 'rum,
obenauf sitzt einer krumm
und strampelt mit den Beinen.

(das Fahrrad)

Ein roter Wagen, ein blauflackerndes Licht,
kommt mit lauten Signalen, hört ihr es nicht?
Ta-tü, ta-ta, das ist sein heller Ton!
Wie heißt das Fahrzeug? Wißt ihr es schon?

(ein Feuerwehrauto)

Es fliegt hoch über Häuser und Wald,
zieht weiße Streifen, hört nur, wie's schallt!
Jetzt blinkt es am Himmel wie ein silberner Schein!
Was meint ihr, was kann es gewesen sein?

(ein Flugzeug)

Es ist ein kleiner schwarzer Zwerg
und hebt ganz leicht doch einen Berg.

(der Maulwurf)

Es ist ein Pferdchen,
doch trägt's keinen Reiter.
Du kannst es nicht fangen,
es hüpft zu schnell weiter.

(das Heupferdchen)

Trag' tausend Nadeln her und hin,
obwohl ich doch kein Schneider bin!

(der Igel)

Ich plätsch're gern im Wasser,
doch hüpf' ich auch an Land.
Ich schnappe fette Fliegen,
und grün ist mein Gewand.
Groß glotzen meine Augen,
sie stehen weit hervor.
Ich bin ein großer Sänger
im abendlichen Chor.

(der Frosch)

Ein roter Kamm auf seinem Kopf,
aus bunten Federn einen Zopf,
am Morgen kündet er die Zeit,
Ki-ke-ri-ki, es ist soweit!

(der Hahn)

Wer fliegt und hüpft von Ast zu Ästchen,
fängt Mücken und Fliegen und baut sich ein Nestchen?

(der Vogel)

Ich bin bekannt als Zimmerer
und klopfe, daß es schallt.
Such Käfer sehr geschäftig
am hohlen Baum im Wald.

(der Specht)

Es geht ein Mann im Grase,
hat eine lange Nase,
dreht sich wie ein feiner Mann
und hat rote Stiefel an.

(der Storch)

Sag, was springt von Ast zu Ast,
ist auf jedem Baum zu Gast?
Mit dem Wuschelschwanz, dem braunen,
konnt' ich es im Wald bestaunen.
Auch im Park hab' ich's gesehn,
wie ein Kätzchen anzusehn.
Tannenzapfen knabbert's gerne,
Nüsse knackt's und Eichelkerne.

(das Eichhörnchen)

Wie heißt das Tier, das Tag und Nacht,
so treulich unser Haus bewacht?

(der Hund)

Wer kann springen, klettern, kratzen?
Und wer hat vier kleine Tatzen?
Das sind die ...!

(... Katzen)

Es geht umher ein braves Tier
mit dicken woll'nen Locken.
Es spricht: »Die Locken schenk' ich dir,
strick dir nur warme Socken!«
Nun rate mal und sag es mir,
von wem die Socken kamen!
Was ist das für ein braves Tier,
wer nennt mir seinen Namen?

(das Schaf)

In der Luft, da fliegt sie,
auf der Erde liegt sie,
auf dem Baume sitzt sie,
in der Hand, da schwitzt sie,
auf dem Ofen zerläuft sie,
im Wasser aber ersäuft sie.
Wer gut überlegt, der nennt sie.

(die Schneeflocke)

Kein Feuer zu sehn,
aber brennt ganz schön!

(die Brennessel)

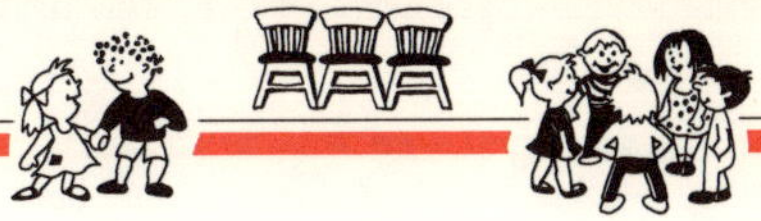

Draußen steht ein weißer Mann,
der sich niemals wärmen kann.
Wenn die Frühlingssonne scheint,
schwitzt der weiße Mann und weint;
er wird klein und immer kleiner.
Sag, was ist das wohl für einer?

(der Schneemann)

Er ist ein Freund der Kinder,
kommt immer nur im Winter,
trägt Schweres auf dem Rücken,
um sie zu beglücken.

(der Nikolaus)

Sie wärmet Land und Wasser,
wenn sie am Himmel lacht.
Sie leuchtet uns am Tage
und anderen, wenn bei uns Nacht.

(die Sonne)

Öffnet manchmal Tor und Tür,
hat weder Hand noch Fuß dafür!

(der Wind)

Was ist das?
Macht alles naß und ärgert die Leute.
Aber den Blumen und dem Gras
macht er Freude.

(der Regen)

Es ist nicht ein Apfel und nicht eine Pflaume,
doch sitzt es wie diese hoch oben am Baume.
Schmeckt wunderbar süß, ist voller Saft,
und beißt du davon, so gibt es dir Kraft.
Es ist weich, nicht hart wie deine Stirne.
Rate, was ist das?

(die reife Birne)

Wer ist so klug, wer ist so schlau,
dem schüttle ich was vom Bäumchen:
's ist innen gelb und außen blau,
hat mittendrin ein Steinchen.

(die Pflaume)

Ich hab' keinen Schneider
und hab' doch sieben Kleider.
Wer sie mir auszieht, der muß weinen,
und sollt' er noch so lustig scheinen.

(die Zwiebel)

Es geht doch komisch zu in der Welt:
Im Frühjahr versteckt mich der Bauer im Feld,
im Herbst zieht er aus mit Weib und Kind
und sucht, bis er mich wieder find't;
aber dann bin ich nicht mehr allein,
ich hab' 'ne Menge Kinderlein.

(die Kartoffel)

Wer ist der arme Tropf,
hat einen Hut und keinen Kopf,
hat dazu
nur einen Fuß und keinen Schuh?

(der Pilz)

Wie heißt das Glöckchen
im weißen Röckchen?
Es wächst im Schnee
schon in die Höh'?

(das Schneeglöckchen)

Liebes Kindlein denke nach!
Oft bin ich ein rundes Dach,
meistens bin ich nur ein Stock
mit einem weiten, hübschen Rock.
Manchmal, wenn der Wind fest weht,
bin ich ganz und gar verdreht.
Wenn es regnet, geh' ich aus,
ist es schön, bleib' ich zu Haus'.

(der Regenschirm)

Der Schneemann

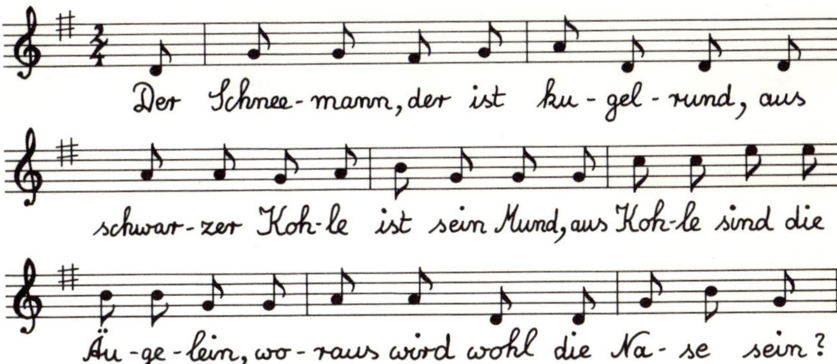

(aus einer Karotte)

Hoch am Baum

2. Grün und rund und stachelig,
hebst du's auf, so sticht es dich.
Ziehst das grüne Kleid ihm aus,
kommt die braune Frucht heraus.

(die Kastanie)

Ein Männlein steht im Walde

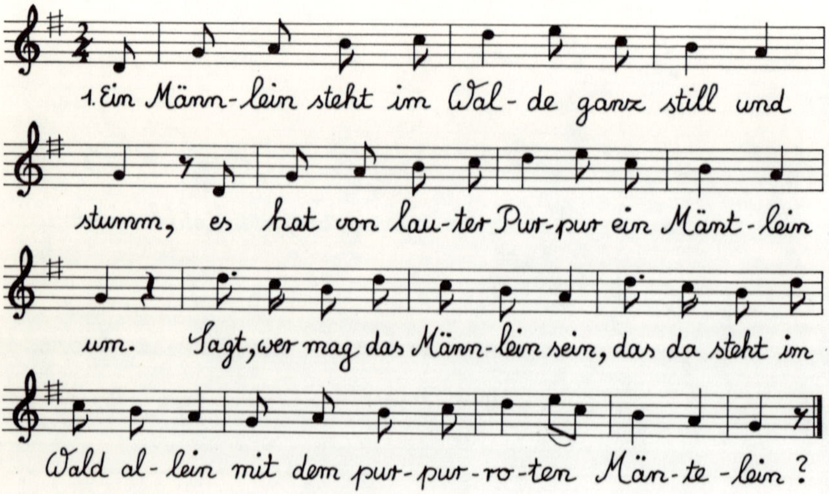

2. Das Männlein steht im Walde auf einem Bein
und hat auf seinem Haupte ein Käpplein klein.
Sagt, wer mag das Männlein sein, das da steht im Wald allein
mit dem kleinen schwarzen Käppelein?

Ein Kind spricht: »Das Männlein dort auf einem Bein
mit seinem roten Mäntelein
und seinem schwarzen Käppelein
kann nur die Hagebutte sein!«

Scherzfragen

Welcher Schuh paßt nicht auf den Fuß?

(der Handschuh)

Welchen Garten kann man nicht gießen?

(den Kindergarten)

Welches Haus ist ohne Fenster?

(das Schneckenhaus)

Welcher Stein raucht?

(der Schornstein)

Welcher Mann hat vor der Sonne Angst?

(der Schneemann)

Welcher Vogel hat keine Federn?

(der Spaßvogel)

Was ist der Unterschied zwischen einem Elefanten und einem Floh?

(Ein Elefant kann Flöhe haben, aber ein Floh keine Elefanten.)

Welches sind die kleinsten Hüte?

(die Fingerhüte)

Was hat Federn und fliegt nicht,
Beine und geht nicht?

(das Bett)

Welche Hähne können nicht krähen?

(die Wasserhähne)

Welcher Peter macht den größten Lärm?

(der Trompeter)

Welche Nadeln taugen nicht zum Nähen?

(die Tannennadeln)

Welcher Vogel sieht dem Storch am ähnlichsten?

(die Störchin)

Welcher Kopf hat kein Gesicht?

(der Stecknadelkopf)

Zungenbrecher

Rasch rollt Rudis Rad –
Rudis Rad rollt rasch.

Die Katze tritt die Treppe krumm –
krumm tritt die Katze die Treppe.

Esel essen Nesseln nicht –
Nesseln essen Esel nicht.

Ich steck' meinen Kopf in einen kupfernen Topf –
in einen kupfernen Topf steck' ich meinen Kopf.

Nachbars Hund heißt Kunterbunt –
Kunterbunt heißt Nachbars Hund.

Hans hackt Holz hinterm Hühnerhaus –
hinterm Hühnerhaus hackt Hans Holz.

Kleine Kinder können keine kleinen Kirschkerne knacken.

Der Metzger wetzt das Metzgermesser,
wenn er's wetzt, dann schneid't es besser.

Zwischen zwei Zweigen saßen zwei zwitschernde Schwalben.

Ratespiele

Kinderraten

Die Kinder sitzen im Kreis. Mit Hilfe eines Abzählreimes wird eines ausgewählt und hinausgeschickt. Ein zweites wird im Nebenzimmer, hinter einer Türe oder in der Kreismitte, unter einer Decke versteckt. Das erste Kind wird hereingerufen und muß raten, wer fehlt. Kommt das ratende Kind nicht darauf, so können die anderen Kinder ihm helfen, indem sie ihm sagen, ob das versteckte Kind ein Junge oder ein Mädchen, groß oder klein ist. Schwieriger wird das Spiel, wenn die im Kreis sitzenden Kinder auch noch ihre Plätze tauschen, bevor das ratende Kind wieder hereingerufen wird.

Klängeraten

Fünf bis sechs Gegenstände werden gezeigt, und ihr Klang wird mit den Kindern kurz besprochen. Das können zum Beispiel ein Topf, ein Deckel, ein Holzbrett, ein Glas, ein Teller und ein Baustein sein. Dieses Spiel kann auf zwei Arten gespielt werden. Einmal kann man alle gezeigten Gegenstände in einem Nebenraum oder Flur aufstellen. Ein Kind bringt dort nun einen Gegenstand zum Klingen, und die anderen Kinder raten, welcher es war. Das Kind, das als erstes richtig geraten hat, darf in den Nebenraum und nun selbst einen Gegenstand zum Klingen bringen.

Eine andere Möglichkeit, dieses Spiel zu spielen wäre, die Gegenstände im Raum zu lassen, einem Kind die Augen zu verbinden, nun einen Gegenstand zum Klingen zu bringen und das Kind raten zu lassen, um welchen es sich handelt. Rät es richtig, so darf es das nächste Kind bestimmten, welches in der folgenden Runde einen Gegenstand am Klang erkennen soll.

Wer steht hinter dir?

Die Kinder sitzen im Kreis. Ein Kind legt dem Spielleiter den Kopf in den Schoß. Der Spielleiter winkt ein zweites Kind heran, das sich hinter das erste Kind stellt und mit möglichst verstellter Stimme fragt:

»Eins-zwei-drei-vier, wer steht hinter dir?«

Das erste Kind muß das zweite an der Stimme erkennen. Gelingt das nicht, so kann nachgeholfen werden.

Bewegungenraten

Ein Kind wird mit einem Abzählreim bestimmt und darf in die Kreismitte. Es macht eine Bewegung vor, und die anderen müssen erraten, was dargestellt werden soll. Es kann eine Tätigkeit, ein Handwerk oder ein Spiel sein. Das Kind, das zuerst richtig rät, darf als nächstes in den Kreis.

Silhouettenraten

Die gleichen Vorbereitungen wie für das vorangegangene Spiel (mit hellem Stoff im Kasperletheater oder im Türrahmen), werden auch für dieses Spiel getroffen. Hier sollten aber mindestens sechs Kinder mitspielen, da es sonst zu einfach wird. Die Kinder werden in zwei Gruppen geteilt: Die eine setzt sich vor die Fläche, die andere dahinter. Der erste Spieler hinter dem hellen Stoff stellt sich im Profil dicht an das Tuch. Jetzt wird die von hinten auf ihn gerichtete Lampe angeknipst, so daß ein scharfes Schattenbild entsteht. Die Kinder vorne dürfen nun raten, wer da sitzt. Wenn alle Kinder der Gruppe geraten wurden, dürfen die anderen Kinder nach hinten und ihre Silhouetten erraten lassen.

Pinkepank

Eines der Kinder nimmt eine Murmel, eine Bohne oder einen anderen kleinen Gegenstand in die Hand und schließt darauf beide Hände zu Fäusten. Die anderen Kinder dürfen nicht wissen, in welcher Hand sich die Murmel befindet. Die Fäuste werden abwechselnd aufeinander gestellt und dabei sagt das Kind:

»Pinkepank, der Schmid ist krank.
Wohnt er oben oder unten?«

Eines der Kinder muß nun die Hand nennen, in der sich seiner Meinung nach die Murmel befindet. Hat es richtig geraten, so kriegt es die Murmel und darf sie nun selbst verstecken. Rät es jedoch falsch, so darf das erste Kind nochmals die Murmel verstecken und dabei seinen Vers aufsagen.

Ich sehe was, was du nicht siehst!

Die Kinder sitzen im Zimmer. Eines von ihnen sucht sich irgendeinen Gegenstand aus, der jedoch auch für alle anderen sichtbar sein muß.
Dann sagt es beispielsweise:

»Ich sehe was, was du nicht siehst,
und das ist blau.«

Damit meint es zum Beispiel eine Kornblume in der Tischvase.
Nun müssen alle anderen raten, was es gemeint haben könnte. Das kann beispielsweise so aussehen:

»Der Vorhang?«	»Nein!«
»Der Lampenschirm?«	»Nein!«
»Der Himmel auf dem Bild?«	»Nein!«
»Die Blume in der Vase?«	»Ja!«

Das Kind, das erraten hat, was gemeint war, darf nun als nächstes etwas aussuchen.

Schattenraten

Ein heller Stoff (Bettlaken, Tischdecke) wird in ein Kasperletheater oder in den Türrahmen gespannt. Beim Türrahmen werden noch zwei Stühle aufgestellt, über deren Lehnen man einen Besen legt und eine Decke darüberhängt. So entsteht eine ähnliche Fläche wie beim Kasperletheater. Zwei Kinder legen dahinter die Dinge zurecht, die sie als Schatten zeigen wollen. Die anderen Kinder sitzen etwa zwei Meter entfernt vor der Leinwand. Jeweils ein Gegenstand wird nun ganz nahe an das Tuch gehalten und die auf ihn gerichtete Lampe eingeschaltet (hinter der Fläche). Gegenstände, die man so zeigen kann, sind zum Beispiel ein Schuh, ein Hut, ein Strumpf, ein Auto, eine Puppe, ein Stofftier, ein Kochlöffel, ein Glöckchen oder eine Blume.
Die Kinder vor der Leinwand sollen nun anhand der Schatten die Gegenstände erraten.

Säckchenspiel

Für dieses Spiel braucht man zunächst einmal ein Leinensäckchen, in das man kleine Gegenstände füllt, und zwar einige mehr als sich Kinder am Spiel beteiligen. Das können ein Fingerhut, ein Bleistift, ein Baustein, eine Nuß, kleine Autos oder Püppchen sein. Die Kinder sollten die Gegenstände vorher aber nicht sehen, da es sonst zu einfach für sie sein könnte. Nun darf das erste Kind in den Sack fassen und einen Gegenstand ertasten. Es benennt ihn und zieht die Hand mit dem Gegenstand heraus. Hat es richtig geraten, so darf es das Objekt bis zum Ende der Spielrunde behalten. Wenn nicht, muß es den Gegenstand wieder ins Säckchen tun. Nun darf es noch einen zweiten Versuch machen, einen Gegenstand richtig zu ertasten. Gelingt es ihm auch dieses Mal nicht, so geht das Säckchen an das nächste Kind weiter.

Wozu gehört das?

Illustrierte Zeitschriften oder Magazine sind eine Fundgrube für dieses Spiel. Man schneidet aus großen Bildern bekannter Dinge ein charakteristisches Teil aus und läßt raten, wozu es gehört. Da kann man beispielsweise einer Giraffe ein Stück vom Hals abschneiden oder vom Löwen den Pinselschwanz, von einem Flugzeug zeigt man nur die Spitze einer Tragfläche, von einer Ente den Schnabel, von einem Auto das halbe Rad. Und wohin gehört dieser Huf oder jener Henkel?
Zehn oder zwanzig solcher Schnipsel müssen erraten werden. Wer die meisten richtigen Antworten findet, ist Sieger.

Was braucht der Bäcker?

Bei diesem Fragespiel muß jemand, der Bescheid weiß, den Quizmeister spielen. Die Kinder sitzen in bunter Reihe und warten auf die erste Frage, zum Beispiel:

»Was braucht der Bäcker?«

Zunächst werden alle Kandidaten durcheinanderrufen: »Mehl!« »Milch!« »Eier!« »Zucker!« Jede Antwort wird notiert. Der erste Antwortsturm legt sich rasch – Schweigen. Wem jetzt innerhalb von dreißig Sekunden etwas einfällt, was noch nicht genannt wurde, erhält für jede richtige Antwort einen Punkt. Nach Ablauf der Zeit erklärt der Quizmeister, was der Bäcker sonst noch alles braucht, nämlich Hefe, Salz, Rosinen, Wasser, einen Backofen, Sahne, Kuchenformen, Backpulver, Vanillezucker und so weiter. Dann sind die nächsten Fragen dran, zum Beispiel:

»Was braucht der Metzger?«
»Was braucht der Lehrer?«

Sieger ist, wer am Schluß die meisten Punkte hat.

Was haben wir verändert?

Die Kinder sitzen sich in einer Reihe gegenüber und versuchen sich einzuprägen, wie die anderen aussehen. Dann wählt man eines oder zwei aus, die den Raum verlassen. Während sie draußen sind, ändern die Kinder etwas an ihrer Kleidung oder ihrer Frisur. Wenn alle fertig sind, kommen die Kinder von draußen wieder herein und müssen nun herausfinden, was die Kinder verändert haben.

Tiereraten

Ein Kind verläßt das Zimmer, und die anderen beschließen, welches Tier das Kind sein soll. Nachdem es wieder hereingerufen wurde, machen die anderen Kinder Aussagen oder stellen Fragen, die auf das ausgedachte Tier hinweisen. Wenn zum Beispiel das Kind ein Löwe sein soll, so können die Kinder fragen: »Bist du wirklich so stark?« Oder: »Ist es dir nicht zu heiß in Afrika?« Oder sie können feststellen: »Hast du aber eine schöne Mähne!« So geht es weiter, bis das Kind erraten hat, welches Tier gemeint ist. Der, nach dessen Frage oder Anrede es nun bestimmt weiß, um welches Tier es sich handelt, übernimmt seine Stelle und darf als nächster raten.

Liederraten

Dieses Spiel ist recht einfach, setzt jedoch voraus, daß der Spielleiter weiß, welche Lieder den Kindern bekannt sind. Er klopft den Takt eines Liedes auf den Tisch, und wer es zuerst errät, ist der Sieger.

Kreisspiele

Watteblasen

Alle Kinder sitzen um einen Tisch herum. In der Mitte liegt ein kleiner, lockerer Wattebausch. Mit Hilfe eines Abzählverses wird bestimmt, wer zuerst blasen darf. Es geht darum, den Wattebausch immer einem anderen Mitspieler zuzublasen, der darauf achten muß, daß die Watte nicht vom Tisch herunterfällt. Wem es dennoch passiert, der muß ausscheiden oder ein Pfand geben. Zum Schluß werden die Pfänder ausgelöst.

Pfandauslösen

Bei vielen Spielen ist es so, daß die Kinder, die nicht richtig raten oder die Regeln des Spieles nicht erfüllen, ein Pfand geben müssen. Am Ende des Spieles werden dann die Pfänder »ausgelöst«. Dazu legt man sie alle in die Kreismitte und legt eine Decke darüber. Der Spielleiter faßt nun mit einer Hand unter die Decke, ertastet eines der Pfänder und fragt:

»Was ist das Pfand in meiner Hand? Was soll damit geschehn?«

Die Kinder denken sich nun eine Aufgabe aus, die der, dem das Pfand gehört, erfüllen muß. Erst wenn die Aufgabe feststeht, darf das Pfand unter der Decke hervorgeholt werden. Aufgaben, die gestellt werden können, sind zum Beispiel:

- ein kurzes Lied singen
- auf einem Bein um den ganzen Kreis herum hüpfen
- einen Zungenbrecher ganz schnell aufsagen
- einen Purzelbaum schlagen
- ein Rätsel erraten oder selber eins stellen

Mein rechter Platz ist leer

Bei diesem Spiel brauchen wir einen Stuhlkreis, in dem ein Stuhl mehr steht als Kinder mitmachen. Die Kinder setzen sich auf die Stühle, und das darf beginnen, dessen rechter Platz leer geblieben ist. Es sagt folgenden Vers auf:

»Mein rechter Platz ist leer,
ich wünsche mir den Christian her!«

Das gerufene Kind (in diesem Falle Christian) setzt sich auf den leeren Stuhl. Dadurch ist nun sein Platz frei geworden, und das Kind, an dessen rechter Seite jetzt der leere Stuhl steht, darf das Spiel fortsetzen.

Bald über mir, bald unter mir

Bei diesem Spiel sitzen die Kinder im Kreis. Eines wird ausgewählt und darf beginnen. Es bekommt ein Tüchlein, welches es an zwei Ecken anfaßt und damit im Kreis herumgeht. Dabei sagt es:

»Bald über mir, bald unter mir,
laß' ich mein Tüchlein fliegen.
Und wen ich hier am liebsten hab',
der soll mein Tüchlein kriegen!«

Bei den beiden letzten Zeilen breitet das Kind sein Tüchlein vor einem im Kreis sitzenden Kind aus. Dieses läßt sich schnell auf die Knie fallen und verhindert dadurch, daß das erste Kind das Tuch wieder wegziehen kann. Gelingt es dem ersten Kind trotzdem, das Tuch wegzuziehen, darf es noch einmal im Kreis herumgehen und sein Tüchlein schwenken. Kann ein Kind das Tuch mit den Knien festhalten, darf es nun selbst im Kreis herumgehen.

Ich kauf' mir ein Paar Schuh'

Eines der Kinder wird mit Hilfe eines Abzählverses ausgewählt, die anderen sitzen im Kreis. Das ausgewählte Kind geht nun im Innenkreis und sagt:

»Ich kauf' mir ein Paar Schuh',
ich kauf' mir ein Paar Schuh',
und wer die schönsten Schuhe hat,
das bist du!«

Dem Kind, bei dem es am Ende des Verses angekommen ist, tippt es leicht mit der Schuhspitze auf den Fuß. Nun darf dieses Kind den Vers aufsagen und im Kreis herumgehen. Das erste Kind setzt sich auf dessen Platz.

Ich stehe auf dem Berge

Für dieses Spiel benötigen wir einen Hut und, wenn vorhanden, einen Kinderstuhl. Ein Kind wird mit Hilfe eines Abzählverses bestimmt und darf beginnen. Die anderen sitzen im Kreis. Es bekommt den Hut auf und stellt sich auf den Stuhl in der Kreismitte. Dann sagt es:

»Ich stehe auf dem Berge
und winke mit dem Hut.
Komm her du liebe(r) Hanne(s),
dir steht er auch so gut!«

Das Kind auf dem »Berge« winkt, dem Text entsprechend, und ruft dann ein Kind aus dem Kreis zu sich. Es setzt ihm den Hut auf, kommt vom Stuhl herunter, setzt sich auf den freigewordenen Platz, und das aufgerufene Kind darf nun den Vers aufsagen.

Ringsuchen

Auf einen langen Bindfaden, dessen Enden zusammengebunden werden, wird ein kleiner Ring aufgezogen. Die Kinder sitzen um einen Tisch herum, und alle nehmen den Bindfaden in beide Hände. Dann schiebt eines der Kinder dem Nachbarn den Ring zu, immer reihum. Allerdings darf dies von einem zuvor mit Hilfe eines Abzählverses bestimmten, auf dem Tisch sitzenden Kind nicht bemerkt werden, denn es hat die Aufgabe, den Ring ausfindig zu machen. Auf seinen Befehl hin müssen alle die Hände stillhalten. Zweimal darf es nun irgendwelche Hände öffnen lassen, je nachdem, wo es den Ring gerade vermutet. Hat es falsch geraten, so muß es weitersuchen. Erst wenn es den Richtigen erwischt hat, wird es erlöst, und dieser darf nun den Platz in der Mitte des Tisches einnehmen.

Pfeifesuchen

Die Kinder sitzen wieder auf Stühlen im Kreis. Eins von ihnen, das dieses Spiel jedoch auf keinen Fall kennen darf, steht in der Mitte dieses Kreises. Eins der anderen Kinder, besser noch ein Erwachsener, erklärt ihm, es müsse jetzt ein im Kreis herumgereichtes Pfeifchen suchen und dabei natürlich genau auf die Pfiffe achten. Während dieser Erklärungen befestigt ein anderes Kind (oder ein zweiter Erwachsener) die kleine Trillerpfeife sehr vorsichtig mit einer Sicherheitsnadel hinten am Pullover des Kindes. Dann kann das Spiel beginnen.
Das Pfeifchen ertönt plötzlich, und das in der Mitte stehende Kind dreht sich schnell um, um es zu erwischen. Vergebens, niemand hat es. Jetzt pfeift heimlich ein anderes Kind und läßt das Pfeifchen sofort wieder los. Wieder dreht sich das Kind in der Mitte um und sucht wieder umsonst. Es kann sehr lange dauern, bis es endlich entdeckt, daß man ihm ständig einen Streich spielt und das Pfeifchen sich gar nicht im Kreis, sondern an seinem Rücken befindet.

Stille Post

Die Kinder, es sollten mindestens fünf oder sechs sein, sitzen dicht beieinander im Kreis. Einem flüstert die Mutter ganz schnell ein etwas schwieriges Wort oder eine kleinen Satz ins Ohr, zum Beispiel: »Kirchturmglocke« oder »Die Katze säuft Milch.« Das Kind flüstert nun seinerseits seinem Nachbarn rasch ins Ohr, was es verstanden hat, und so wandert das Wort oder der Satz in Windeseile von Ohr zu Ohr. »Wie bitte?« oder »Ich hab' nicht verstanden« gilt nicht; keiner wiederholt das Geflüsterte; jeder gibt weiter, was er verstanden hat, und sollte es schierer Unsinn sein. Der Letzte sagt dann laut, was ihm sein Nachbar zugeflüstert hat. Aus der Kirchturmglocke ist inzwischen vielleicht eine »Milchwurmflocke« oder eine völlig unerklärliche »Tischbumlacke« geworden, und aus der milchsaufenden Katze wurde möglicherweise gar der unsinnige Satz »Die Watte läuft mich.«

Klipp, klipp, klapp

Die Kinder sitzen im Kreis. Eines darf in die Mitte und folgenden Vers aufsagen:

»Klipp, klipp, klapp,
Moni, hol mich ab!«

Dabei klatscht es dreimal in die Hände und winkt dann einem Kind, also in unserem Fall der Moni. Beide reichen sich die Hände und tanzen im Kreis herum, während die anderen Kinder folgendes sagen:

»Didel, didel, dum, dum, dum,
dreimal dreht ihr euch herum.
Eins, zwei, drei!«

Während gezählt wird, versuchen die beiden, besonders hohe Hüpfer zu machen. Das gerufene Kind darf nun das Spiel fortsetzen, das erste Kind setzt sich zu den anderen.

Blinzeln

Die Kinder sitzen auf Stühlen im Kreis. Einer dieser Stühle bleibt unbesetzt. Hinter jedem Stuhl, also auch hinter dem unbesetzten, steht ein Kind, das ihn bewacht. Die Hände werden hinter dem Rücken verschränkt. Das hinter dem unbesetzten Stuhl stehende Kind blinzelt einem der Sitzenden zu. Das tut es natürlich möglichst unauffällig, damit es die anderen nicht merken. Wer angeblinzelt wurde, muß versuchen, den freien Platz blitzschnell zu erreichen und sich darauf zu setzen. Es kann ihm jedoch passieren, daß sein hinter ihm stehender Wächter des Blinzeln bemerkt oder aber sehr schnell reagiert, wenn er aufspringen will. Der Wächter muß dann den Fluchtversuch verhindern, indem er das Kind schnell an den Schultern festhält. Läßt er den Gefangenen jedoch fliehen, so muß er nun selbst jemanden auf den frei gewordenen Platz blinzeln.

Auf einem Gummiberg

Die Kinder sitzen in einem Kreis. Eines darf innen am Kreis entlanggehen und dabei folgende Frage stellen:

»Auf einem Gummi-, Gummiberg,
da saß ein Gummi-, Gummizwerg.
Wie sah er aus?«

Zusätzlich tippt es bei jeder Silbe ein Kind an. Das Kind, welches gefragt wird, nennt eine Farbe, zum Beispiel Grün. Nun geht das Kind im Kreis weiter und sagt folgendes, wobei es wieder bei jeder Silbe ein Kind antippt:

»Hast du auch Grün an dir,
so bitte, bitte zeig es mir!«

Das Kind, bei dem es nun angelangt ist, muß an seiner Kleidung nach der geforderten Farbe suchen. Findet es sie, so darf es als nächstes in den Kreis, und das Spiel geht weiter. Hat es jedoch die Farbe nicht, so muß es ein Pfand zahlen. Ist das Spiel mehrere Mal gespielt worden, können die Pfänder ausgelöst werden (siehe Seite 76).

Fischefangen

Ein langes Stück Paketschnur wird an seinen Enden zusammengebunden. Die Kinder stehen im Kreis und halten die Schnur mit den Händen fest. Die Hände der Kinder sind die Fische, die von einem Fischer in der Kreismitte (dazu wird ein Kind ausgewählt) gefangen werden sollen. Um das zu verhindern, schieben die Kinder ihre Hände rasch zueinander oder auseinander. Der Fischer versucht sie zu erhaschen, indem er ganz leicht auf die Hände der Kinder schlägt. Trifft er, so scheidet das Kind aus. Spielen viele Kinder mit, sollte nach einer vorher festgelegten Anzahl von gefangenen Fischen ein neuer Fischer gewählt werden.

Lastträger

Die Kinder sitzen auf Stühlen im Kreis, nur eins von ihnen hat keinen Platz und wandert mit einem kleinen Bündel auf dem Rücken außen um den Kreis herum. Die Kinder versuchen, möglichst ohne daß der »Lastträger« es bemerkt, ihre Plätze zu wechseln. Der paßt jedoch genau auf, und sowie er einen leeren Platz erwischt, wirft er sein Bündel rasch darauf. Gelingt ihm das, so ist der Platz sein. Das Kind, das dadurch keinen Platz findet, muß nun selbst mit dem Bündel umherwandern und einen Platz ergattern. Gelingt es ihm jedoch nicht, das heißt, verfehlt es den Sitz oder kullert das Bündel darüber und fällt zu Boden, so muß es mit seiner Last weiterwandern.

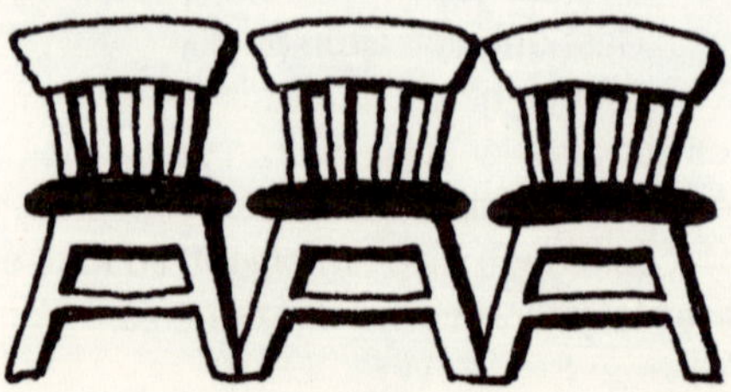

Armer Kater

Wieder sitzen die Kinder auf Stühlen im Kreis. Eines von ihnen wird durch einen Abzählvers bestimmt und muß nun den Kater spielen. Dies bedeutet, daß es auf allen Vieren zu einem der Kinder hinkriechen und dreimal möglichst mitleiderregend »Miau« schreien muß. Danach bleibt der Kater abwartend sitzen, während sein Gegenüber ihn streichelt und dreimal »armer Kater« sagt. Wer während dieser Szene lacht, der muß nun selbst als armer Kater in die Mitte des Kreises. Der ehemalige Kater aber darf den freien Platz einnehmen.

Ringel, Ringel, Rosen

Auf die gleiche Melodie kann auch folgender Text gesungen werden:

Ringel, Ringel, Reihe!
Sind der Kinder dreie,
sitzen unterm Holderbusch,
rufen alle: husch, husch, husch!

Bei diesem einfachen Spiel fassen sich die Kinder an den Händen und gehen nach der Melodie im Kreis herum. Zum Schluß gehen alle in die Hocke.

Komm, wir wollen wandern

Bei diesem Ringelreihen stellen sich die Kinder paarweise auf und fassen sich über Kreuz an den Händen. Mit Beginn des Liedes laufen sie in dieser Aufstellung hintereinander her. Ab »Ri-ra-ri-ra-rutsch« bleiben sie stehen, drehen sich zueinander und bewegen die Arme im Takt wie eine Lokomotive, vor und wieder zurück.
Danach drehen sie sich wieder in die Ausgangsstellung, und der Ringelreihen beginnt von vorn.

Auf der Donau bin i g'fahren

Die Kinder fassen sich an den Händen und gehen im Kreis herum. Sie singen dazu das Lied bis zu dem Wort »heißt«. Hier verstummen sie, und nur ein vorher bestimmtes Kind oder ein Erwachsener ruft ein Kind beim Namen. Das Lied wird mit diesem Namen zu Ende gesungen, dann dreht sich das gerufene Kind um und geht, mit dem Rücken zur Kreismitte, weiter. Das Spiel wird so lange gespielt, bis sich alle Kinder gedreht haben.

Schmetterling mit frohem Sinn

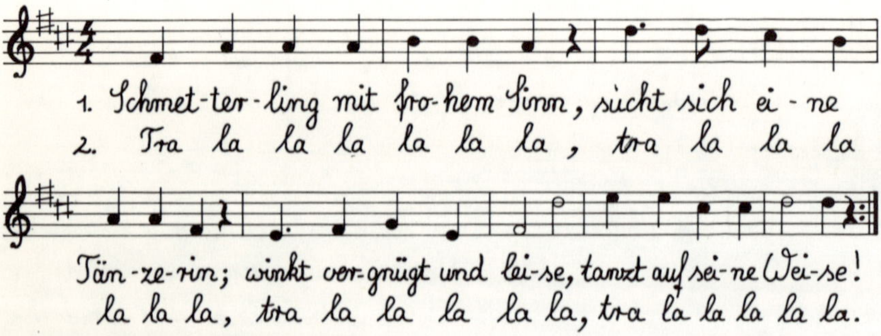

Während der ersten Strophe »fliegt« ein Kind als Schmetterling im Kreisinneren herum und winkt einem Kind, dem es dann beide Hände reicht. Die Kinder im Kreis singen die zweite Strophe und klatschen dazu, die beiden Schmetterlinge tanzen. Spielen viele Kinder mit, so sollten beide Schmetterlinge bei der Wiederholung des Spieles im Kreis bleiben und sich zwei neue Tänzer innen suchen. Sind es jedoch nur wenige Kinder, so reiht sich der erste Schmetterling wieder in den Kreis ein, und der zweite darf weiterspielen.

Zeigt her eure Füße

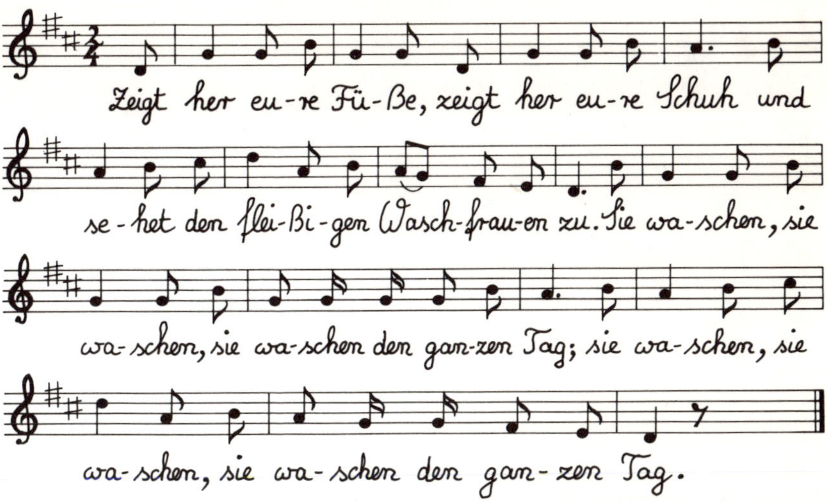

Die im Kreis stehenden Kinder strecken abwechselnd erst den linken und dann den rechten Fuß nach vorn.
Bei »sie waschen« machen alle die betreffende Bewegung nach.
Die Waschfrauen waschen jedoch nicht nur den ganzen Tag, sondern:

– sie spülen	– sie bügeln
– sie wringen	– sie tratschen
– sie legen	– sie ruhen
– sie mangeln	– sie tanzen

Alle meine Entchen

2. Alle meine Täubchen sitzen auf dem Dach,
klipper, klipper, klapper, fliegen über's Dach.

3. Alle meine Püppchen, Emmy und Marie,
schlafen in der Wiege, bis ich wecke sie.

Während der ersten Hälfte jeder Strophe gehen die Kinder im Kreis herum. Während der zweiten Hälfte führen sie stehend die entsprechenden Bewegungen aus: Kopf senken und Arme heben in der ersten Strophe, ein Dach darstellen und die Arme zum Fliegen ausbreiten in der zweiten und Puppen wiegen in der dritten.
Zur gleichen Melodie kann auch folgender Text gesungen und gespielt werden:

4. Alle meine Hühnerchen gehen jetzt spaziern,
lassen sich vom Gockelhahn zum Futterplatz hinführn.

5. Alle meine Schäfchen springen froh herum,
stoßen mit den Köpfchen, fallen doch nicht um.

6. Alle meine Pferdchen laufen trapp, trapp, trapp,
tragen brav den Reiter die Straße auf und ab.

7. Alle meine Tiere gehen jetzt nach Haus,
denn sie sind schon müde, und das Spiel ist aus.

Es tanzt ein Bi-ba-butzemann

Zuerst wird ein Kind abgezählt, das darf der Butzemann sein. Es geht in die Kreismitte und hüpft zum ersten Teil des Liedes im Kreis herum, während die Kinder, die den Kreis bilden, in die Hände klatschen. Im zweiten Teil des Liedes bewegt sich der Butzemann dem Text entsprechend. Während der dritte Teil gesungen wird, darf er wieder herumhüpfen. Zum Schluß macht er noch einen großen Sprung auf ein Kind zu. Dieses darf der nächste Butzemann sein.

Wollt ihr wissen?

Die Kinder stehen sich in zwei Reihen gegenüber und führen die im Lied erwähnten Tätigkeiten aus, also bei der ersten Strophe winkeln sie die Arme an und bewegen sie seitlich hin und her.

2. … die kleinen Knaben machen?
Peitschen knallen …

Die Kinder machen mit der rechten Hand schnelle, schlagende Bewegungen nach oben und unten.

3. … die jungen Damen machen?
Schleppen tragen …

Die Kinder machen die Bewegung des Schleppentragens nach, indem sie die ausgebreiteten Arme vor sich hinstrecken.

4. … die jungen Herren machen?
Hut abnehmen …

Die Kinder fassen mit der rechten Hand über den Kopf, ziehen sie dann im großen Bogen nach unten an den Körper und machen eine tiefe Verbeugung dabei.

5. ... die alten Damen machen?
Strümpfe stricken ...

Alle bewegen die geschlossenen Hände ganz schnell aneinander hin und her.

6. ... die alten Herren machen?
Zeitung lesen ...

Die Kinder gehen in die Hocke und strecken die Arme weit von sich, wobei sie sie ein wenig spreizen.

Es geht eine Zipfelmütze

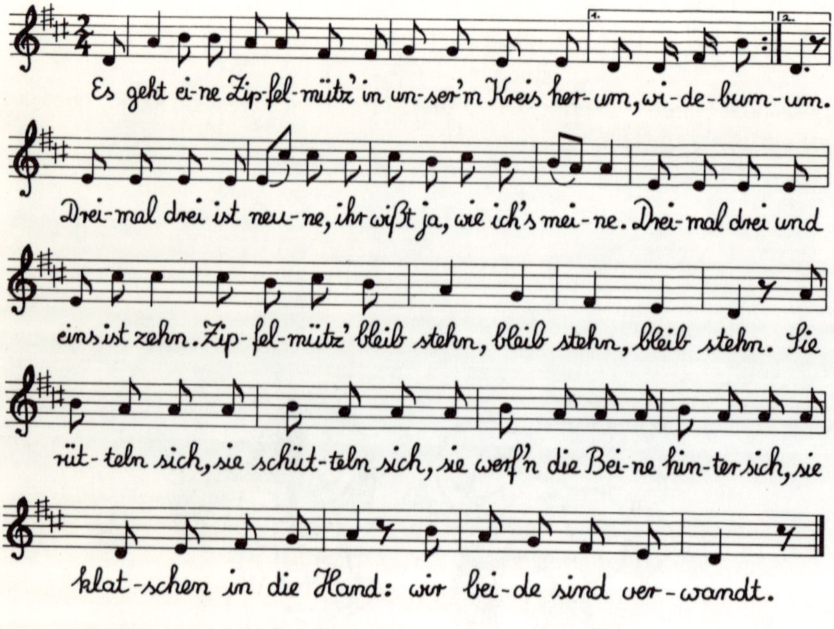

Die Kinder gehen im Kreis herum, während ein Kind als Zipfelmütze mit über dem Kopf aneinandergelegten Händen in entgegengesetzter Richtung geht. Beim letzten »bleib stehn« führt es mit dem Kind, dem es gerade gegenübersteht, die sich aus dem Text ergebenden Bewegungen aus. Bei »wir beide ...« haken sie sich unter und drehen sich. Bei der Spielwiederholung sind beide Kinder die Zipfelmützen. Es wird also gesungen: »Es gehen zwei Zipfelmützen in unserm Kreis ...«

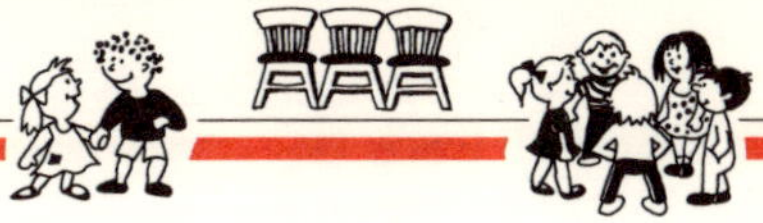

Steinchen will verstecken sich

Bei diesem Spiel werden zwei Kinder ausgewählt, von denen eines das Steinchen (oder eine Nuß) verstecken darf, während das andere den Raum verläßt und nachher herausfinden muß, wer den Stein (Nuß) hat. Hat nun das eine Kind den Raum verlassen, nimmt das andere den Stein zwischen die Innenflächen seiner Hände. Die anderen Kinder sitzen im Kreis und haben die Hände auch mit den Innenseiten aneinandergelegt. Das Kind geht nun von einem Kind zum anderen und streicht mit geschlossenen Händen über die Hände der anderen Kinder. Irgendwann läßt es das Steinchen in die Hände eines der Kinder gleiten, macht aber mit dem Spiel weiter, bis es bei allen einmal war und das Lied zu Ende ist. Jetzt kommt das Kind von draußen herein und darf dreimal raten, wer das Steinchen hat. Rät es richtig, darf es als nächstes das Steinchen verstecken. Rät es aber falsch, so muß es ein Pfand geben (Pfänder auslösen: siehe Seite 76). Dann darf das Kind weitermachen, das den Stein bekommen hat. Ein anderes wird ausgezählt und hinausgeschickt, das Spiel beginnt von vorn.

Es war eine Mutter

Die Kinder bilden einen Kreis. Vier Kinder werden ausgewählt; sie stellen die vier Jahreszeiten dar. Sie bilden in der Mitte des großen Kreises einen kleinen. Die Kreise bewegen sich in entgegengesetzter Richtung, und die Kinder singen den ersten Teil der Melodie bis »... Schnee«. Die Kreise bleiben stehen, und die vier Kinder aus der Mitte suchen sich einen Partner aus dem äußeren Kreis und tanzen mit ihm. Die anderen Kinder klatschen in die Hände und singen das Lied zu Ende. Bei der Wiederholung des Spiels sind die vier neuen Kinder die Jahreszeiten und bilden den Kreis in der Mitte.

Im Garten steht ein Schneemann

Der Text kann auf die Melodie »Ein Männlein steht im Walde« gesungen werden. Sollte die Melodie nicht bekannt sein, so finden Sie sie auf Seite 64.

1. Im Garten steht ein Schneemann im weißen Rock.
   Er drohet uns schon lange mit seinem Stock.
   Schneemann, Schneemann, sieh nur her,
   wir fürchten uns schon lang' nicht mehr,
   wir tanzen alle lustig im Kreis umher!

2. Da kommt die liebe Sonne und scheint so warm.
   Dem Schneemann fällt vor Schrecken der Stock aus dem Arm.
   Da auf einmal, oh wie dumm,
   fällt der ganze Schneemann um.
   Wir tanzen alle lustig im Kreis herum!

Für dieses Spiel benötigen wir einen weißen Umhang (altes Bettlaken, Tischdecke oder Gardine), einen alten Hut und einen Stock (Holzlöffel). Damit darf sich das Kind verkleiden, welches den Schneemann darstellen soll. Ein zweites Kind wird ausgewählt und darf in der zweiten Strophe die Sonne spielen. Falls sich im Haus ein gelber Stoffrest findet, kann die Sonne sich damit schmücken. Die Kinder fassen sich an den Händen und gehen singend im Kreis herum. In der Kreismitte steht der Schneemann, macht ein grimmiges Gesicht und droht mit dem Stock. Bei »Wir tanzen...« lassen sich die Kinder los und drehen sich, während sie in die Hände klatschen. Bei der zweiten Strophe steht der Kreis still. Das die Sonne darstellende Kind streckt die Arme hoch und spreizt die Finger. Es geht um den Schneemann herum. Dieser verhält sich dem Text entsprechend. Zum Schluß tanzen Sonne und Kinder um den am Boden liegenden Schneemann.

Der lustige Springer

Die Kinder stehen im Kreis, ohne sich an den Händen zu halten. Eins geht außen herum, springt bei den Worten »Kommt ein lustiger Springer rein« in den Kreis und macht die den Worten entsprechenden Bewegungen. Bei den Worten »Komm, wir wollen tanzen gehn« wählt der Springer ein anderes Kind und tanzt mit diesem im Kreis herum. Bei der Wiederholung wird das vorher erwählte Kind Springer.

Hänsel und Gretel

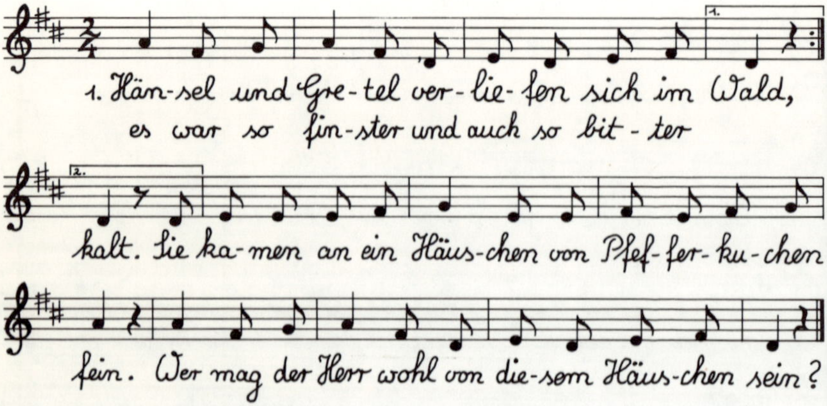

2. Huhu, da schaut' eine alte Hexe raus.
Sie lockt' die Kinder ins Pfefferkuchenhaus.
Sie stellt sich gar freundlich
O Hänsel, welche Not!
Sie will dich braten im Ofen, braun wie Brot.

3. Doch als die Hexe zum Ofen schaut' hinein,
ward sie gestoßen von unserm Gretelein.
Die Hexe mußte braten,
die Kinder geh'n nach Haus.
Nun ist das Märchen von Hans und Gretel aus.

Dem Spiel liegt das Märchen der Brüder Grimm zugrunde. Alle mitspielenden Kinder bekommen eine Rolle zugeteilt. Hänsel, Gretel und die Hexe werden ausgewählt. Einige Kinder stellen das Knusperhäuschen dar, andere den Backofen und wieder andere den Stall, in dem Hänsel am Ende der zweiten Stophe eingesperrt wird. Sind noch Kinder übrig, so dürfen sie zum Beispiel die Bäume im Wald spielen. Dazu strecken sie die Arme hoch. Die Kinder stellen nun, dem Lied

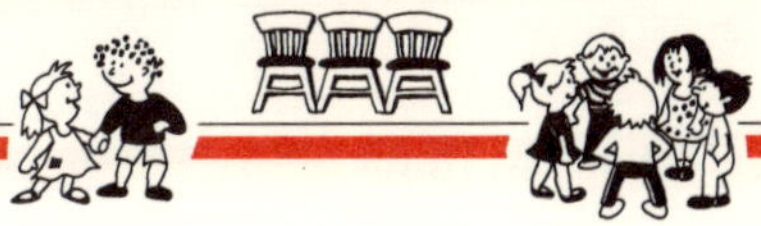

folgend, den Verlauf des Märchens dar. Am Ende, nach dem Sieg über die Hexe, fassen sich immer zwei Kinder an den Händen und tanzen im Kreis herum. Bei der Wiederholung des Spiels sollten alle Rollen getauscht werden.

Ich fröhlicher Mann

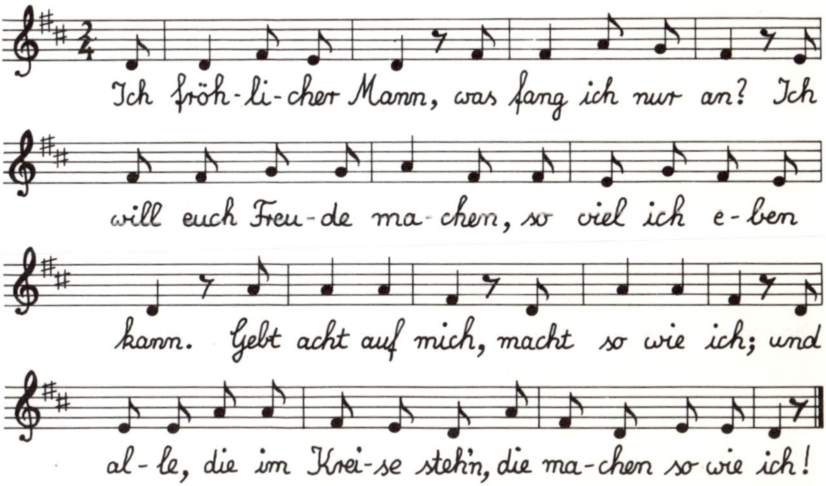

Ein Kind wird mit Hilfe eines Abzählreimes ausgewählt und darf als fröhlicher Mann in die Kreismitte. Die anderen Kinder gehen im Kreis herum in die eine, der fröhliche Mann in die andere Richtung. Dabei singen alle Kinder. Am Ende des Liedes bleiben sie stehen, und das Kind in der Kreismitte, der fröhliche Mann, führt eine Bewegung vor, die alle anderen nachmachen müssen. Er kann zum Beispiel klatschen, auf einem Bein hüpfen, wie ein Hase springen oder pantomimisch Hände waschen, Zähne putzen oder Seil springen. Das Kind in der Kreismitte sieht sich die anderen Kinder an und sucht eines aus, das der nächste fröhliche Mann sein darf.

Dornröschen war ein schönes Kind

Drei Kinder werden mit Hilfe von Abzählversen bestimmt: das Dornröschen, die böse Fee und der Königssohn.
Die Kinder fassen sich an den Händen und bilden einen Kreis, in dessen Mitte Dornröschen sitzt. Sie tanzen um Dornröschen herum und singen dabei die erste Strophe des Liedes.

2. Strophe: Dornröschen, nimm dich ja in acht! ...

Die Kinder stehen ruhig im Kreis und drohen beim Singen mit dem rechten Zeigefinger.

3. Strophe: Da kam die böse Fee herein ...

Die Kinder fassen sich wieder an den Händen und laufen langsam im Kreis. Die zuvor bestimmte böse Fee teilt den Kreis an einer Stelle und tritt zu Dornröschen hinein.

4. Strophe: Dornröschen, schlafe hundert Jahr' ...

Diese Strophe des Liedes wird nur von der Fee gesungen. Dabei macht sie zusammen mit den Kreiskindern mit ausgestreckten Armen horizontale Bewegungen, wobei die Arme abwechselnd gekreuzt und wieder gespreizt werden. Dornröschen sinkt in sich zusammen und »schläft«.

5. Stophe: Da wuchs die Hecke riesengroß ...
Die Kinder gehen langsam im Kreis herum, wobei sie den Kreis immer dichter schließen und die Arme langsam immer höher heben: Dornröschen ist kaum noch zu sehen.

6. Strophe: Da kam der junge Königssohn ...
Die Kreiskinder lassen die Arme langsam wieder herunter, und der Kreis weitet sich wieder, wobei er an einer Stelle von dem eintretenden Königssohn geteilt wird.

7. Strophe: Dornröschen, wache wieder auf! ...
Diese Strophe wird nur vom Königssohn gesungen. Er beugt sich über Dornröschen und weckt es durch eine leichte Berührung aus seinem Schlaf.

8. Strophe: Da feierten sie das Hochzeitsfest ...
Dornröschen und der Königssohn tanzen fröhlich in der Mitte des Kreises umeinander herum.

9. Strophe: Da jubelte das ganze Volk ...
Die Kinder lassen die Hände los und springen um das Paar herum, wobei sie lachen und fröhlich sind.

Regelspiele

Nüsse raten

Die Kinder sitzen alle um einen Tisch herum. Jedes von ihnen hat einen gleich großen Vorrat an Nüssen vor sich liegen. (Es können auch andere kleine Dinge wie Steinchen, Streichhölzer oder Pfennige sein.) In der Mitte des Tisches liegen so viele Nüsse, wie sich ergeben, wenn jedes der mitspielenden Kinder zwei Nüsse aus seinem Vorrat hinlegt. Sie müssen alle in einer Reihe liegen.
Eines der Kinder dreht sich um. Ein anderes zeigt auf eine dieser Nüsse. Danach darf sich das Kind, das sich umgedreht hat, eine Nuß nach der anderen holen, ganz gleich, welche es auch immer ist. Kommt es jedoch an die, auf die das andere Kind zuvor gezeigt hat, so schreien alle »Halt!«, und es muß aufhören. Alle Kinder ergänzen nun den Vorrat wieder. Dann kommt das nächste an die Reihe. Wer zuletzt die meisten Nüsse hat, hat gewonnen.

Teller drehen

Dieses Spiel gehört zu den ältesten Gesellschaftsspielen und wird auch heute noch gern gespielt. Die Kinder sitzen auf Stühlen im Kreis. Eines von ihnen, zuvor mit einem Abzählvers bestimmt, nimmt einen unzerbrechlichen Teller, eine flache hölzerne Schale oder ähnliches und dreht diesen Gegenstand in der Mitte des Kreises auf der Kante, so daß er tanzt. Gleichzeitig ruft es den Namen irgendeines anderen Kindes, daß nun versuchen muß, den Teller zu fangen, bevor er umfällt. Gelingt dies dem Aufgerufenen nicht, so muß er als nächster in die Mitte. Schafft er es jedoch, so darf er sich wieder an seinen Platz setzen, und das in der Mitte stehende Kind muß so lange weiterdrehen, bis es einem der aufgerufenen Kinder nicht gelingt, den Teller noch während des Tanzens zu erwischen.

Mit den Füßen angeln

Für dieses Spiel bereitet man so viele Päckchen vor, wie Kinder am Spiel teilnehmen. Statt Päckchen können auch Äpfel oder Bananen an dünne Fäden gebunden werden. Die so vorbereiteten Gegenstände reiht man auf ein Seil oder einen Besenstiel. Das Seil bindet man oben an zwei Stuhllehnen fest, und nun dürfen je zwei bis drei Kinder auf dem Rücken liegend versuchen, mit den Füßen eines der Päckchen zu angeln.

Autorennen

Jeder Mitspieler erhält ein Spielzeugauto. Alle Wagen sollen etwa gleich groß und gleich schwer sein. An jedem Auto wird vorn mit einem Klebebandstreifen ein zimmerlanger Zwirnsfaden befestigt. Zum Start werden die Renner an eine Wand gestellt.

Die »Fahrer« stellen sich an die gegenüberliegende Wand, fassen das Ende ihres Zwirnsfaden und wickeln es um ein kleines Holzstöckchen, bis der Faden leicht gespannt ist. Nach dem Kommando »Start« wickelt nun jeder aus Leibeskräften seinen Faden auf und zieht damit seinen Rennwagen zu sich her.

Etwa einen halben Meter vor den Wicklern ist eine Ziellinie markiert. Das Auto, das diese Linie als erstes erreicht, ist Sieger des Rennens.

Wenn keine oder nicht genügend Autos da sind, läßt sich das Rennen auch mit Äpfeln oder mit Kartoffeln veranstalten. Man steckt dann einen Nagel in die Kartoffel und wickelt den Faden um den Nagelkopf. Lustig ist auch das Wettwickeln mit Bonbons; sie hängen an Fäden, die etwa einen Meter lang sind und um ein Streichholz gewickelt werden, wobei die Bonbons vom Boden in die Höhe steigen.

Gegicker, Gegacker

Die Kinder sitzen in einer Runde. Dann wird zu zweien abgezählt. Eines der Kinder, das nun durch einen Abzählvers bestimmt wird, muß als »Henne« in die Mitte des Kreises. Sie fängt an zu gickern und zu gackern. Bei jedem »Gick« müssen sich die Kinder mit der Nummer eins schnell erheben und sofort wieder setzen. Bei »Gack« springen die Kinder mit der Nummer zwei auf und setzen sich dann ebenso schnell wieder hin. Die Henne spricht ihr »Gick-Gack-Gick-Gack« immer schneller, und die Kinder müssen daher immer schneller von ihren Stühlen aufspringen und sich wieder hinsetzen. Dabei kann es selbstverständlich vorkommen, daß sich eines von ihnen irrt und versehentlich beispielsweise bei »Gack« aufspringt, während es sich eigentlich bei »Gick« hätte erheben müssen. Wem dieser Fehler unterläuft, der muß als nächstes die Henne spielen.

Alles, was Federn hat, fliegt!

Die Kinder sitzen um einen Tisch herum. Ein Kind gibt die Anweisungen. Zunächst klopfen die Kinder mit beiden Zeigefingern abwechselnd auf die Tischkante. Dann heißt es:

»Alles, was Federn hat, fliegt!«

Bei diesen Worten hebt der Spielleiter die Hände hoch in die Luft, und die Kinder ahmen ihn nach. Dann wird wieder geklopft. Hiernach heißt es: »Die Vögel fliegen!«, und wieder gehen die Hände hoch, dann »Die Gans fliegt!«, die Hände gehen wieder hoch. Aber mittendrin heißt es plötzlich: »Die Pferde fliegen!« oder »Die Kühe fliegen!« Wer jetzt nicht scharf aufgepaßt hat und auch hierbei die Hände in die Luft streckt, der muß ein Pfand geben. Dieses Spiel bereitet erst dann viel Spaß, wenn das falsche Kommando in einem Augenblick gegeben wird, in dem die Aufmerksamkeit der Kinder etwas nachläßt. Viele werden sich dann irreführen lassen und, statt mit den Fingern weiterzutrommeln, die Hände in die Höhe strecken.

Heiß und kalt

Während ein durch einen Abzählvers bestimmtes Kind vor der Tür wartet, verstecken die anderen einen vorher ausgewählten Gegenstand im Zimmer. Dann wird das wartende Kind hereingerufen und erhält den Auftrag, den versteckten Gegenstand zu suchen. Während es sich nun abmüht, rufen die anderen gemeinsam oder einzeln »heiß«, wenn es ganz in der Nähe des gesuchten Gegenstandes ist, »warm«, wenn es etwas weiter entfernt ist und »kalt«, wenn es in der völlig verkehrten Richtung sucht.
Hat es das Versteck gefunden, so muß ein anderes Kind bestimmt werden, das nun seinerseits vor der Tür darauf wartet, bis der Gegenstand an einer anderen Stelle versteckt ist.

Weckersuchen

Während ein Kind einen Wecker sorgfältig im Zimmer versteckt, warten alle anderen vor der Tür, natürlich ohne durchs Schlüsselloch zu gucken. Wenn der Wecker versteckt ist, dürfen alle herein und den Wecker suchen. Da alle auf das Ticken horchen müssen, wird es anfangs ganz still sein. Wer den Wecker findet, darf ihn bei der nächsten Spielrunde verstecken.
Man kann dieses Spiel variieren, indem die Kinder, die den Wecker entdeckt haben, ihn nicht aus seinem Versteck herausholen, sondern zum Spielleiter gehen und ihm den Ort des Versteckes ins Ohr flüstern. Haben sie den richtigen Platz herausgefunden, so dürfen sie sich setzen. War er jedoch falsch, so müssen sie weitersuchen.

Kommando pimperle

Die Kinder sitzen um den Tisch und trommeln mit beiden Zeigefingern auf die Tischkante. Ein älteres Kind oder ein Erwachsener, der an der Stirnseite des Tisches Platz genommen hat, damit er alles gut überblicken kann, gibt die Befehle:

»Kommando pimperle!«	Die Zeigefinger trommeln auf die Kante.
»Kommando Faust!«	Die Hände bilden sofort eine Faust.
»Kommando Hoch!«	Die Hände werden in die Höhe gestreckt.
»Kommando Hohl!«	Die Hände bilden, indem sie mit den äußeren Kanten aufliegen, einen Hohlraum.
»Kommando Flach!«	Die Hände werden sofort flach auf den Tisch gelegt.

Wer diese Kommandos gibt, muß darauf bedacht sein, die Kinder zunächst damit vertraut zu machen, welche Bewegungen sie bei den einzelnen Befehlen auszuführen haben. Haben sie es begriffen, so kann das eigentliche Spiel beginnen: Zuerst heißt es immer: »Kommando pimperle!«, und die Kleinen trommeln auf die Tischkante. Dann wird plötzlich und unvermittelt eines der anderen Kommandos erteilt, und die Kinder müssen sofort die damit verbundene Bewegung ausführen. Hiernach wird das nächste Kommando gegeben, ganz gleich welches, auch »Kommando pimperle!« darf wieder gegeben werden. Führt nun eines der mitspielenden Kinder bei einem Kommando die zu einem anderen Kommando gehörende Bewegung aus, weil es nicht genau zugehört hat oder absichtlich irregeleitet wurde, so muß es ein Pfand geben.
Dieses Irreleiten geschieht auf zweierlei Art: Einmal dürfen die Hände nur dann mit dem Klopfen aufhören und einem Befehl gehorchen, wenn vor dem Kommando auch das Wörtchen »Kommando« gesagt wird. Heißt es zum Beispiel nur »Flach«, so muß weitergeklopft werden. Die zweite Möglichkeit besteht darin, daß der Spielleiter absichtlich selbst eine falsche Bewegung macht. Wer ihm folgt, ist hereingefallen.
Wenn die Kinder mit den Kommandos vertraut sind, werden diese in immer ungleicher werdenden Abständen erteilt. Auf diese Weise wird es den Kindern schwerer gemacht, und das Spiel wird für alle interessanter. Läßt das Interesse nach, kann man dazu übergehen, die Pfänder auszulösen (siehe Seite 76).

Reise nach Jerusalem

Das Spiel erfreut sich größter Beliebtheit nicht nur bei Kindern, sondern auch bei Erwachsenen.
Die vorhandenen Stühle werden so in einer Reihe nebeneinander aufgestellt, daß die Rückenlehnen einmal nach hinten und einmal nach vorne zeigen. Die Sitzflächen weisen also auf beide Seiten der Stuhlreihe. Es ist aber darauf zu achten, daß es ein Stuhl weniger ist als Mitspieler vorhanden sind.

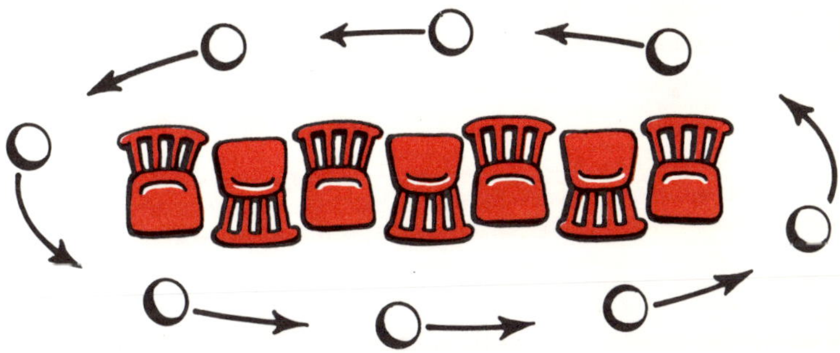

Die Kinder legen nun die Hände auf den Rücken und laufen im Gänsemarsch um die Reihe herum. Dabei singen sie irgendein Wanderlied. Plötzlich hebt der Anführer seinen rechten Arm und ruft gleichzeitig »Rast«. In diesem Augenblick muß jedes der teilnehmenden Kinder versuchen, sich auf einen leeren Stuhl zu setzen, ohne die Stellung der Stühle hierbei jedoch zu verändern. Jedesmal wird eines der Kinder übrigbleiben, da ein Stuhl zu wenig ist. Dieses Kind darf nun nicht mehr mitspielen und scheidet aus, während gleichzeitig auch ein Stuhl aus der Reihe entfernt werden muß. Die Zahl der »Reisenden nach Jerusalem« wird so von Rast zu Rast um einen Teilnehmer kleiner, bis zuletzt lediglich noch zwei um den leeren Stuhl herumrennen. Wer bei der nun folgenden Rast den Platz erwischt, hat gewonnen.
Das oben beschriebene Spiel läßt sich dadurch etwas abwandeln, daß Vater, Mutter oder eines der älteren Kinder irgendein Musikinstrument spielt, nach dessen Melodie die Wanderer ihres Weges ziehen. Sobald die Melodie abbricht, müssen sie versuchen, sich einen Stuhl zu erobern, auf dem sie rasten können.

Papierkönig

Ein Kind wird ausgewählt und darf der Papierkönig sein. Er erhält einen Kragen aus bunten Papierstreifen (Kreppapier). Dann werden ihm die Augen verbunden, und der König wird in die Mitte des Kreises gestellt. Der Spielleiter macht nun einem der im Kreis sitzenden Kinder ein Zeichen. Dieses versucht, sich an den Papierkönig anzuschleichen und ihm einen Papierstreifen abzureißen. Wenn der Papierkönig hört, aus welcher Richtung das Kind kommt, zeigt er in die Richtung. Hat er richtig gezeigt, wird das andere Kind Papierkönig. Gelingt es ihm jedoch nicht, hat er zwei weitere Versuche. Nach dem dritten Mal wird ein neuer Papierkönig bestimmt.

Fischer, wie tief ist das Wasser?

Für dieses Spiel, das sich auch gut draußen spielen läßt, braucht man einen großen Raum, vor allem, wenn viele Kinder mitspielen. Ein Kind wird mit Hilfe eines Abzählreimes ausgesucht und darf als erstes der Fischer sein. Es geht an das eine Ende des Raumes, die restlichen Kinder an das andere. Dazwischen liegt »ein großes Meer«.

Kinder: »Fischer, wie tief ist das Wasser?«
Fischer: »Hundert Meter tief!«
Kinder: »Wie können wir da 'rüberkommen?«
Fischer: »Auf einem Bein hüpfend!«

Der Fischer kann auch andere Aufgaben stellen, zum Beispiel

- wie eine Schlange kriechend
- auf dem Rücken rutschend
- wie ein Hase hüpfend
- wie ein Vogel fliegend.

Der Fischer paßt gut auf, welches Kind als erstes bei ihm ankommt und die verlangte Bewegung auch wirklich ausgeführt hat. Dieses Kind darf der nächste Fischer sein.

Stein – Schere – Papier

Mit diesem Knobelspiel lassen sich Wartezeiten unterhaltsam überbrücken. Man braucht dazu nur zwei Spieler, die mit ihren Händen drei Dinge darstellen:

- Papier: Die Hand wird flach gehalten.
- Stein: Die Hand wird zur Faust geballt.
- Schere: Zeige- und Mittelfinger werden gespreizt.

Die beiden Spieler halten ihre rechte Hand auf dem Rücken und zählen laut bis drei. In dieser Zeit bilden sie mit einer Hand hinter dem Rücken eines dieser drei Dinge. Auf »drei« nehmen die Knobler ihre Hand nach vorn und zeigen, was sie gewählt haben. Jetzt wird festgestellt, wer gewonnen hat. Dabei muß man ein wenig nachdenken. Hat einer Papier dargestellt und der andere eine Schere, ist der erste besiegt, weil die Schere Papier zerschneiden kann. Wurde aber von dem zweiten Mitspieler ein Stein dargestellt, hat der erste gewonnen, weil das Papier den Stein einwickeln kann. Es gilt also folgende Spielregel:

- Papier umwickelt den Stein: Papier hat gewonnen.
- Schere schneidet das Papier: Schere hat gewonnen.
- Stein schleift die Schere: Stein hat gewonnen.

Haben beide Knobler das gleiche Ding gewählt, ist das Spiel unentschieden, und es muß noch einmal geknobelt werden. Spielen mehr als zwei Kinder, so spielt jeweils der Sieger mit dem nächsten Kind.

Bausteinreiter

Zwei oder mehrere Kinder machen mit einem Spielbaustein auf dem Rücken einen Wettlauf. Sie müssen dabei auf Händen und Füßen oder Knien laufen und dürfen den Baustein nicht verlieren. Rutscht er doch einmal herunter, so muß das Kind anhalten, den Baustein aufheben und ihn wieder auf seinen Rücken legen. Sieger ist, wer als erster die Ziellinie erreicht.

Nachtwächter

Für dieses Spiel braucht man viele verschiedene, kleine Gegenstände, zum Beispiel einen Apfel, eine Nuß, einen Baustein, einen Bleistift, einen Farbstift, ein Bonbon, ein Püppchen, ein Stofftier. Die Kinder setzen sich in einem engen Kreis um einen Tisch oder auf den Boden. In der Mitte werden die kleinen Gegenstände so gelegt, daß sie von allen bequem zu erreichen sind. Der Spielleiter oder ein Kind erzählt nun eine erfundene Geschichte, in der diese Gegenstände vorkommen. Sobald er eines der Dinge nennt, versucht jedes Kind, es an sich zu bringen. Wer am Ende der Geschichte leer ausgeht oder die geringste Beute gemacht hat, wird zum Nachtwächter gemacht: Er bekommt eine Mütze auf und muß in der nächsten Runde eine Geschichte mit Gegenständen erzählen.

Fuchsbau

Jedes der mitspielenden Kinder erhält ein Stück Paketschnur von etwa einem Meter Länge. Im Raum verteilt stellen sich nun die Kinder auf und legen die Schnur um ihre Füße auf den Boden. Eines wird nun mit einem Abzählreim ausgezählt; es legt seine Schnur weg. Dann geht es zu einem Kind und fragt:

»Ist noch Platz in deinem Fuchsbau!«

Das gefragte Kind antwortet:

»Nein, mein Fuchsbau ist zu klein.«

Nun geht das Kind ohne Fuchsbau noch zu anderen Kindern und erhält überall dieselbe Antwort. Plötzlich ruft es:

»Füchse, der Wald brennt!«

Alle Füchse müssen nun aus ihrem Bau heraus und in einen anderen hinein. Der Fuchs ohne Bau nützt die Gelegenheit und springt schnell in einen freien Fuchsbau. Das Kind, das übrigbleibt, muß in der nächsten Runde als Fuchs herumlaufen.

Register

Nützliche Ratgeber

Stand: Sommer 1988

Essen und Trinken

FALKEN EXKLUSIV
Kochen in höchster Vollendung
Aus vier Elementen ist alles zusammengefügt (Theophrast). (4291) Von M. Wissing, M. Kirsch, 160 S., 230 Farbfotos, Leinen geprägt mit Schutzumschlag, im Schuber, **DM 98,–**, S 784.–

Was koche ich heute?
Neue Rezepte für Fix-Gerichte. (0608) Von A. Badelt-Vogt, 112 S., 16 Farbtafeln, kart. ●

Kochen für 1 Person
Rationell wirtschaften, abwechslungsreich und schmackhaft zubereiten. (0586) Von M. Nicolin, 136 S., 8 Farbtafeln, 23 Zeichnungen, kart. ●

Schnell und individuell
Die raffinierte Single-Küche
(4266) Von F. Faist, 160 S., 151 Farbfotos, Pappband. ●●●

Gesunde Kost aus dem Römertopf
(0442) Von J. Kramer, 128 S., 8 Farbtafeln, 13 Zeichnungen, kart. ●

FALKEN-FEINSCHMECKER
Pasta in Höchstform **Nudeln**
(0884) Von M. Kirsch, 64 S., 62 Farbfotos, Pappband. ●

Nudelgerichte
– lecker, locker, leicht zu kochen. (0466) Von C. Stephan, 80 S., 8 Farbtafeln, kart. ●

FALKEN-FEINSCHMECKER
In Hülle und Fülle
Pasteten und Terrinen
(0883) Von M. Kirsch, 48 S., 62 Farbfotos, Pappband. ●

FALKEN-FEINSCHMECKER
Spezialitäten unter knuspriger Decke
Aufläufe
(0882) Von C. Adam, 48 S., 33 Farbfotos, Pappband. ●

Eintöpfe und Aufläufe
Das Beste aus den Kochtöpfen der Welt (5079) Von A. und G. Eckert, 64 S., 50 Farbfotos, Pappband. ●●

FALKEN-FEINSCHMECKER
Herzhaftes für Leib und Seele
Eintöpfe
(0820) Von P. Klein, 48 S., 30 Farbfotos, Pappband. ●

Schnell und gut gekocht
Die tollsten Rezepte für den Schnellkochtopf. (0265) Von J. Ley, 96 S., 8 Farbtafeln, kart. ●

Kochen und backen im Heißluftherd
Vorteile, Gebrauchsanleitung, Rezepte. (0516) Von K. Kölner, 72 S., 8 Farbtafeln, kart. ●

Zaubern mit der schnellen Welle
Die neue Mikrowellenküche
(4289) Von F. Faist, 208 S., 188 Farbfotos, Pappband. ●●●

Das neue Mikrowellen-Kochbuch
(0434) Von H. Neu, 64 S., 4 Farbtafeln, 16 s/w Zeichnungen, kart. ●

Ganz und gar mit Mikrowellen
(4094) Von T. Peters, 208 S., 24 Farbfotos, 12 Zeichnungen, kart. ●●●

FALKEN-FEINSCHMECKER
Schnell auf den Tisch gezaubert
Kochen mit Mikrowellen
(0818) Von A. Danner, 64 S., 52 Farbfotos, Pappband. ●

Marmeladen, Gelees und Konfitüren
Köstlich wie zu Omas Zeiten – einfach selbstgemacht. (0720) Von M. Gutta, 32 S., 23 Farbfotos, 1 Zeichnung, Pappband. ●

Einkochen
nach allen Regeln der Kunst. (0405) Von B. Müller, 128 S., 8 Farbtafeln, kart. ●

Einkochen, Einlegen, Einfrieren
(4055) Von B. Müller, 152 S., 27 s/w.-Abb., kart. ●●

Haltbarmachen in der Öko-Küche
Gesunde Konservierungsmethoden für Obst, Gemüse, Kräuter und Pilze. (0932) Von M. Bustorf-Hirsch, 120 S., 56 Farbfotos, 36 Farbzeichnungen. kart. ●●

FALKEN-FEINSCHMECKER
Goldbraun und knusprig
Fritierte Leckerbissen
(0868) Von F. Faist, 64 S., 47 Farbfotos, Pappband. ●

Das neue Fritieren
geruchlos, schmackhaft und gesund. (0365) Von P. Kühne, 96 S., 8 Farbtafeln, kart. ●

FALKEN-FEINSCHMECKER
Die Krönung der feinen Küche
Saucen
(0817) Von G. Cavestri, 48 S., 40 Farbfotos, Pappband. ●

FALKEN-FEINSCHMECKER
Edler Kern in harter Schale
Meeresfrüchte
(0886) Von L. Grieser, 48 S., 52 Farbfotos, Pappband. ●

FALKEN-FEINSCHMECKER
Von Tatar und falschen Hasen
Hackfleisch
(0866) Von A. und G. Eckert, 64 S., 42 Farbfotos, Pappband. ●

Mehr Freude und Erfolg beim **Grillen**
(4141) Von A. Berliner, 160 S., 147 Farbfotos, 10 farbige Zeichnungen, Pappband. ●●●

Grillen für Geniesser
Fleisch · Fisch · Beilagen · Soßen. (5001) Von E. Fuhrmann, 64 S., 38 Farbfotos, Pappband. ●●

FALKEN-FEINSCHMECKER
Köstliches von Rost und Spieß
Grillen
(0931) Von A. Kalcher-Dähn, H. K. Kalcher, 64 S., 43 Farbfotos, Pappband. ●

Chinesisch kochen
mit dem Wok-Topf und dem Mongolen-Topf. (0557) Von C. Korn, 64 S., 8 Farbtafeln, kart. ●

FALKEN-FEINSCHMECKER
Verheißungsvoll fernöstlich
Spezialitäten aus dem Wok
(0933) Von H. K. Jen, 64 S., 56 Farbfotos, Pappband. ●

Schlemmerreise durch die
Chinesische Küche
(4184) Von K. H. Jen, 160 S., 117 Farbfotos, Pappband. ●●●

Nordische Küche
Speisen und Getränke von der Küste. (5082) Von J. Kürtz, 64 S., 44 Farbfotos, Pappband. ●●

Essen in Hessen
Spezialitäten zwischen Schwalm und Odenwald. (0837) Von R. Witt, 120 S., 10 s/w-Zeichnungen, Pappband. ●●

Schlemmerreise durch die
Französische Küche
(4296) Von H. Imhof, 160 S., 147 Farbfotos, 3 s/w-Fotos, Pappband. ●●●

Französisch kochen
Eine kulinarische Reise durch Frankreich. (5016) Von M. Gutta, 64 S., 35 Farbfotos, Pappband. ●●

Französische Küche
(0685) Von M. Gutta, 96 S., 16 Farbtafeln, kart. ●

Französische Spezialitäten aus dem Backofen
Herzhafte Tartes und Quiches mit Fleisch, Fisch, Gemüse und Käse
(5146) Von P. Klein, 64 S., 43 Farbfotos, Pappband. ●●

FALKEN-FEINSCHMECKER
Aus lauter Lust und Liebe
Knoblauch
(0867) Von L. Reinirkens, 64 S., 45 Farbfotos, Pappband. ●

Kochen und würzen mit **Knoblauch**
(0725) Von A. und G. Eckert, 96 S., 8 Farbtafeln, kart. ●

Schlemmerreise durch die
Italienische Küche
(4172) Von V. Pifferi. 160 S., 109 Farbfotos, Pappband. ●●●

Pizza, Pasta und die feine italienische Küche
(4270) Von R. Rudatis, 120 S., 255 Farbfotos, Pappband. ●●

Italienische Küche
Ein kulinarischer Streifzug mit regionalen Spezialitäten. (5026) Von M. Gutta, 64 S., 35 Farbfotos, Pappband. ●●

FALKEN-FEINSCHMECKER
Schlemmen wie bei Mamma Maria
Pizzas
(0815) Von F. Faist, 64 S., 62 Farbfotos, Pappband. ●

Köstliche Pilzgerichte
Tips und Rezepte für die häufigsten Pilzgattungen. (5133) Von V. Spicker-Noack, M. Knoop, 64 S., 52 Farbfotos, Pappband. ●●

Fondues
und fritierte Leckerbissen. (0471) Von S. Stein, 96 S., 8 Farbtafeln, kart. ●

Fondues · Raclettes · Flambiertes
(4081) Von R. Peiler und M.-L. Schult, 136 S., 15 Farbtafeln, 28 Zeichnungen, kart. ●●

Neue, raffinierte Rezepte mit dem Raclette-Grill
(0558) Von L. Helger, 56 S., 8 Farbtafeln, kart. ●

Rezepte rund um Raclette und Doppeldecker
(0420) Von J. W. Hochscheid, 72 S., 8 Farbtafeln, kart. ●

Die hier vorgestellten Bücher, Videokassetten und Software sind in folgende Preisgruppen unterteilt:

● Preisgruppe bis DM 10,–/S 79,–
●● Preisgruppe über DM 10,– bis DM 20,– S 80,– bis S 160,–
●●● Preisgruppe über DM 20,– bis DM 30,– S 161,– bis S 240,–
●●●● Preisgruppe über DM 30,– bis DM 50,– S 241,– bis S 400,–
●●●●● Preisgruppe über DM 50,–/S 401,–
*(unverbindliche Preisempfehlung)

Die Preise entsprechen dem Status beim Druck dieses Verzeichnisses (s. Seite 1) – Änderungen, im besonderen der Preise, vorbehalten –

FALKEN

Fondues und Raclettes
(4253) Von F. Faist, 160 S., 125 Farbfotos, Pappband. ●●●

FALKEN-FEINSCHMECKER
Schmelzendes Käsevergnügen
Raclette
(0881) Von F. Faist, 48 S., 33 Farbfotos, Pappband. ●

Kulinarischer Feuerzauber
Flambieren
(4294) Von R. Wesseler, 120 S., 100 Farbfotos, Pappband. ●●●

Kochen und würzen mit
Paprika
(0792) Von A. und G. Eckert, 88 S., 8 Farbtafeln, kart. ●

Köstlichkeiten für Gäste und Feste
Kalte Platten
(4200) Von I. Pfliegner. 160 S., 130 Farbfotos, Pappband. ●●●

Kalte Happen und Partysnacks
Canapés, Sandwiches, Pastetchen, Salate und Suppen. (5029) Von D. Peters, 64 S., 44 Farbfotos, Pappband. ●●

Garnieren und Verzieren
(4236) Von R. Biller, 160 S., 329 Farbfotos, 57 Zeichnungen, Pappband. ●●●

Desserts
Puddings, Joghurts, Fruchtsalate, Eis, Gebäck, Getränke. (5020) Von M. Gutta, 64 S., 41 Farbfotos, Pappband. ●●

FALKEN-FEINSCHMECKER
Süße Verführungen
Desserts
(0885) Von M. Bacher, 64 S., 75 Farbfotos, Pappband. ●

FALKEN-FEINSCHMECKER
Süße Geheimnisse eiskalt gelüftet
Eis und Sorbets
(0870) Von H. W. Liebheit, 48 S., 38 Farbfotos, Pappband. ●

Crêpes, Omeletts und Soufflés
Pikante und süße Spezialitäten. (5131) Von J. Rosenkranz, 64 S., 45 Farbfotos, Pappband. ●●

Kuchen und Torten
Die besten und beliebtesten Rezepte. (5067) Von M. Sauerborn, 64 S., 79 Farbfotos, Pappband. ●●

Tortenträume und Kuchenfantasien
Gebackene Köstlichkeiten originell dekoriert und verziert. (0823) Von F. Faist, 80 S., 150 Farbfotos, kart. ●●

Backen mit Lust und Liebe
(4284) Von M. Schumacher, R. Krake, 242 S., 348 Farbfotos, 18 farb. Vignetten, 3 vierseitige Ausklapptafeln, Pappband. ●●●●

Backen, was allen schmeckt
Kuchen, Torten, Gebäck und Brot. (4166) Von E. Blome, 556 S., 40 Farbtafeln, Pappband. ●●●

Meine Vollkornbackstube
Brot · Kuchen · Aufläufe. (0616) Von R. Raffelt, 96 S., 4 Farbtafeln, 12 Zeichnungen, kart. ●

FALKEN-FEINSCHMECKER
Knusprig, kernig, urgesund
Vollkornbrot
(0938) Von S. Reiter, 64 S., 56 Farbfotos, Pappband. ●

FALKEN-FEINSCHMECKER
Mit Körnern, Zimt und Mandelkern
Vollkorngebäck
(0816) Von M. Bustorf-Hirsch, 48 S., 39 Farbfotos, Pappband. ●

Biologisch Backen
Neue Rezeptideen für Kuchen, Brote, Kleingebäck aus vollem Korn. (4174) Von M. Bustorf-Hirsch, 136 S., 15 Farbtafeln, 47 Zeichnungen, kart. ●●

Selbst Brotbacken
Über 50 erprobte Rezepte. (0370) Von J. Schiermann, 80 S., 6 Zeichnungen, 4 Farbtafeln, kart. ●

Mehr Freude und Erfolg beim
Brotbacken
(4148) Von A. und G. Eckert, 160 S., 177 Farbfotos, Pappband. ●●●

Brotspezialitäten
knusprig backen – herzhaft kochen. (5088) Von J. W. Hochscheid, L. Helger, 64 S., 48 Farbfotos, Pappband. ●●

Weihnachtsbäckerei
Köstliche Plätzchen, Stollen, Honigkuchen und Festtagstorten. (0682) Von M. Sauerborn, 32 S., 34 Farbfotos, Pappband. ●

Waffeln
süß und pikant. (0522) Von C. Stephan, 64 S., 8 Farbtafeln, kart. ●

Alles mit Joghurt
tagfrisch selbstgemacht. Mit vielen Rezepten. (0382) Von G. Volz, 88 S., 8 Farbtafeln, kart. ●

Joghurt, Quark, Käse und Butter
Schmackhaftes aus Milch hausgemacht. (0739) Von M. Bustorf-Hirsch. 32 S., 59 Farbabb., Pappband. ●

FALKEN-FEINSCHMECKER
Raffiniert und gesund würzen
Kräuterküche
(0869) Von A. Görgens, 48 S.,43 Farbfotos, Pappband. ●

Miekes Kräuter- und Gewürzkochbuch
(0323) Von I. Persy, K. Mieke, 96 S., 8 Farbtafeln, kart. ●

Das köstliche knackige Schlemmervergnügen.
Salate
(4165) Von V. Müller. 160 S., 80 Farbfotos, Pappband. ●●●

FALKEN-FEINSCHMECKER
Frisch und leicht als Hauptgericht
Schlemmersalate
(0934) Von C. Adam, 64 S., 49 Farbfotos, Pappband. ●

111 köstliche Salate
Erprobte Rezepte mit Pfiff. (0222) Von C. Schönherr, 96 S., 8 Farbtafeln, 30 Zeichnungen, kart. ●

FALKEN-FEINSCHMECKER
Köstlich frisch auf den Tisch
Rohkostsalate
(0865) Von C. Adam, 48 S., 26 Farbfotos, Pappband. ●

Die abwechslungsreiche Vollwertküche
Vitaminreich und naturbelassen kochen und backen. (4229) Von M. Bustorf-Hirsch, K. Siegel, 280 S., 31 Farbtafeln, 78 Zeichnungen, Pappband. ●●●●

Die feine Vollwertküche
(4286) Von M. Bustorf-Hirsch, 160 S., 83 Farbfotos, Pappband. ●●●

Meine Vollkornküche
Herzhaftes von echtem Schrot und Korn (0858) Von S. Walz, 128 S., 8 Farbtafeln, kart. ●

FALKEN-FEINSCHMECKER
Dinkel, Hirse, Roggenkorn…
Kerniges aus der Getreideküche
(0932) Von S. Frank, 64 S., 49 Farbfotos, Pappband. ●

FALKEN-FEINSCHMECKER
Die verlockende Alternative
Süße Vollwertküche
(0936) Von A. Roßmeier, 64 S, 50 Farbfotos, Pappband. ●

FALKEN-FEINSCHMECKER
Die gesunde Art, sich zu verwöhnen
Vollwertküche für Singles
(0937) Von A. Görgens, 64 S., 43 Farbfotos, Pappband. ●

Alternativ essen
Die gesunde Sojaküche.
(0553) Von U. Kolster, 112 S., 8 Farbtafeln, kart. ●

Kochen mit Tofu
Die gesunde Alternative. (0894) Von U. Kolster, 80 S., 8 Farbtafeln, kart. ●

Das Reformhaus-Kochbuch
Gesunde Ernährung mit hochwertigen Naturprodukten. (4180) Von A. und G. Eckert, 160 S. 15 Farbtafeln, Pappband. ●●●

Gesund kochen mit Keimen und Sprossen
(0794) Von M. Bustorf-Hirsch, 104 S., 8 Farbtafeln, 13 s/w-Zeichnungen, kart. ●

Keime und Sprossen in der Naturküche
(4299) Von M. Bustorf-Hirsch, 96 S., 144 Farbfotos, Pappband. ●●

Die feine Vegetarische Küche
(4235) Von F. Faist, 160 S., 191 Farbfotos, Pappband. ●●●

Biologische Ernährung
für eine natürliche und gesunde Lebensweise. (4125) Von G. Leibold, 136 S., 15 Farbtafeln, 47 Zeichnungen, kart. ●●

Gesunde Ernährung für mein Kind
(0776) Von M. Bustorf-Hirsch, 96 S., 8 Farbtafeln, 5 s/w Zeichnungen, kart. ●

Vitaminreich und naturbelassen
Biologisch Kochen
(4162) Von M. Bustorf-Hirsch, K. Siegel, 144 S., 15 Farbtafeln, 31 Zeichnungen, kart. ●●

Gesund kochen
wasserarm · fettfrei · aromatisch. (4060) Von M. Gutta, 240 S., 16 Farbtafeln, Pappband. ●●●

Naturküche à la carte
(4406) Von M. Wissing, M. Kirsch, 160 S., 179 Farbfotos, Pappband. ●●●●

Würzig kochen ohne Salz
(0922) Von S. Roediger-Streubel, 160 S., 16 Farbtafeln, kart. ●●

Natursammlers Kuchbuch
Wildfrüchte und Gemüse, Pilze, Kräuter – finden und zubereiten. (4040) Von C. M. Kerler, 140 S., 12 Farbtafeln, kart. ●●

Kräuter- und Heilpflanzen-Kochbuch
für eine gesunde Lebensweise. (4066) Von P. Pervenche, 143 S., 15 Farbtafeln. kart. ●●

Pralinen und Konfekt
Kleine Köstlichkeiten selbstgemacht. (0731) Von H. Engelke, 32 S., 57 Farbfotos, Pappband. ●

FALKEN-FEINSCHMECKER
Zart schmelzende Versuchungen
Schokolade
(0819) Von J. Schroer, 48 S., 53 Farbfotos, Pappband. ●

Die hier vorgestellten Bücher, Videokassetten und Software sind in folgende Preisgruppen unterteilt:

● Preisgruppe bis DM 10,–/S 79,–
●● Preisgruppe über DM 10,– bis DM 20,– S 80,– bis S 160,–
●●● Preisgruppe über DM 20,– bis DM 30,– S 161,– bis S 240,–
●●●● Preisgruppe über DM 30,– bis DM 50,– S 241,– bis S 400,–
●●●●● Preisgruppe über DM 50,–/S 401,–
*(unverbindliche Preisempfehlung)

Die Preise entsprechen dem Status beim Druck dieses Verzeichnisses (s. Seite 1) – Änderungen, im besonderen der Preise, vorbehalten –

FALKEN
Falken-Verlag GmbH · Postfach 1120 D-6272 Niedernhausen/Ts. · Tel.: 06127/7020

Das richtige Frühstück
Gesunde Vollwertkost vitaminreich und naturbelassen. (0784) Von C. Kratzel, R. Böll, 32 S., 28 Farbfotos, Pappband. ●

Bocuse à la carte
Französisch kochen mit dem Meister. (4237) Von P. Bocuse, 88 S., 218 Farbfotos, Pappband. ●●

Kochschule mit Paul Bocuse
(6016) VHS, 60 Min. in Farbe. ●●●●●*

Der schön gedeckte Tisch
Vom einfachen Gedeck bis zur Festtafel stimmungsvoll und perfekt arrangiert. (4246) Von H. Tapper, 112 S., 206 Farbabbildungen, 21 s/w-Abbildungen, Pappband. ●●●

Servietten dekorativ falten
Geschmackvolle Anregungen aus Stoff und Papier. (0804) Von H. Tapper, 3T S., 134 Farbfotos, Pappband. ●

Cocktails
(4267) Von W. R. Hoffmann, W. Hubert, U. Lottring, 160 S., 164 Farbfotos, 1 s/w-Foto, Pappband. ●●●

Neue Cocktails und Drinks
mit und ohne Alkohol. (0517) Von S. Späth, 128 S., 4 Farbtafeln, kart., ●

Mixgetränke
mit und ohne Alkohol (5017) Von C. Arius, 64 S., 35 Farbfotos, Pappband. ●●

FALKEN-FEINSCHMECKER
Fruchtig, spritzig, eisgekühlt
Mixen ohne Alkohol
(0935) Von S. Späth, 64 S., 44 Farbfotos, Pappband. ●

Cocktails und Mixereien
für häusliche Feste und Feiern. (0075) Von J. Walker, 96 S., 4 Farbtafeln, kart. ●

Die besten Punsche, Grogs und Bowlen
(0575) Von F. Dingden, 64 S., 4 Farbtafeln, kart. ●

Weine und Säfte, Liköre und Sekt
selbstgemacht. (0702) Von P. Arauner, 232 S., 76 Abb., kart. ●●

Mitbringsel aus meiner Küche
selbst gemacht und liebevoll verpackt. (0668) Von C. Schönherr, 32 S., 30 Farbfotos, Pappband. ●

Weinlexikon
Wissenswertes über die Weine der Welt. (4149) Von U. Keller, 228 S., 6 Farbtafeln, 395 s/w-Fotos, Pappband. ●●●

Heißgeliebter Tee
Sorten, Rezepte und Geschichten. (4114) Von C. Maronde, 153 S., 16 Farbtafeln, 93 Zeichnungen, Pappband. ●●●

Tee für Genießer.
Sorten · Riten · Rezepte. (0356) Von M. Nicolin, 64 S., 4 Farbtafeln, kart. ●

Tee
Herkunft · Mischungen · Rezepte. (0515) Von S. Ruske, 96 S., 4 Farbtafeln, 16 s/w-Abbildungen, Pappband. ●

Kinder lernen spielend backen
(5110) Von M. Gutta, 64 S., 45 Farbfotos, Pappband. ●●

Kinder lernen spielend kochen
Lieblingsgerichte mit viel Spaß selbst zubereitet. (5096) Von M. Gutta, 64 S., 45 Farbfotos, Pappband, ●●

Komm, koch mit mir
Kunterbuntes Kochvergnügen für Kinder. (4285) Von S. und H. Theilig, Illustrationen von B. v. Hayek, 96 S., 48 Farbfotos, 350 Farb- und 1 s/w-Zeichnung, Pappband. ●●

Schlank werden nach Dr. Hay
Trennkost
Die bewährten Vollwert-Rezepte von Ursula Summ. (4298) Von U. Summ, 96 S., 54 Farbtafeln, 1 Zeichnung, kart. ●●

Gesund leben – schlank werden mit der
Bio-Kur
(0657) Von S. Winter. 144 S., 4 Farbtafeln, kart. ●

SLIM
Der neue, individuelle Schlankheitsplan (4277) Von Prof. Dr. E. Menden, W. Aign. 120 S., 440 Farbfotos, Pappband. ●●●

Kalorien – Joule
Eiweiß · Fett · Kohlenhydrate tabellarisch nach gebräuchlichen Mengen. (0374) Von M. Bormio, 88 S., kart. ●

Vitamine und Ballaststoffe
So ermittle ich meinen täglichen Bedarf (0746) Von Prof. Dr. M. Wagner, I. Bongartz. 96 S., 6 Farbabb., zahlreiche Tabellen, kart. ●

Hobby und Freizeit

Aquarellmalerei
als Kunst und Hobby. (4147) Von H. Haack, B. Wersche, 136 S., 62 Farbfotos, 119 Zeichnungen, Pappband. ●●●●

Aquarellmalerei
Materialien · Techniken · Motive. (5099) Von T. Hinz, 64 S., 79 Farbfotos, Pappband. ●●

Hobby Aquarellmalen
Landschaft und Stilleben. (0876) Von I. Schade, A. Brück, 80 S., 111 Farbabbildungen, kart. ●●

Videokassette
Hobby Aquarellmalen
Landschaft und Stilleben (6022) VHS, ca. 40 Min., in Farbe, ●●●●*

Aquarellmalerei leicht gelernt
Materialien · Techniken · Motive. (0787) Von T. Hinz, R. Braun, B. Zeidler, 32 S., 38 Farbfotos, 1 Zeichnung, Pappband. ●

Aquarellieren auf Seide
Materialien · Techniken · Motive. (0917) Von I. Demharter, 32 S., 41 Farbfotos, Pappband. ●

Hobby Ölmalerei
Landschaft und Stilleben. (0875) Von H. Kämper, I. Becker, 80 S., 93 Farbabb., kart. ●●

Videokassette
Hobby Ölmalerei
Landschaft und Stilleben (6025) VHS, ca. 40 Min., in Farbe, ●●●●*

Falken-Handbuch
Zeichnen und Malen
(4167) Von B. Bagnall, 336 S., 1154 Farbabb., Pappband. ●●●●●

Das große farbige PLAKA-Buch
Malen und Basteln
(4402) Von H.-J. Giesecke, 192 S., 225 Farbfotos, 20 Farb- und 4 s/w- Zeichnungen, Pappband. ●●

Das große farbige
Bastelbuch für Kinder
(4254) Von U. Barff, I. Burkhardt, J. Maier. 224 S., 157 Farbfotos, 430 Farb- und 69 s/w-Zeichnungen, Pappband. ●●●

Punkt, Punkt, Komma, Strich
Zeichenstunden für Kinder. (0564) Von H. Witzig, 144 S. über 250 Zeichnungen, kart. ●

Einmal grad und einmal krumm
Zeichenstunden für Kinder. (0599) Von H. Witzig, 144 S., 363 Abb. kart. ●

Naive Malerei
Materialien · Motive · Techniken. (5083) Von F. Krettek, 64 S., 76 Farbfotos, Pappband. ●●

Bauernmalerei
als Kunst und Hobby. (4057) Von A. Gast, H. Stegmüller, 128 S., 239 Farbfotos, 26 Riß-Zeichnungen, Pappband. ●●●●

Hobby Bauernmalerei
(0436) Von S. Ramos und J. Roszak, 80 S., 116 Farbfotos und 28 Motivvorlagen, kart. ●●

Bauernmalerei
Kreatives Hobby nach alter Volkskunst (5039) Von S. Ramos, 64 S., 85 Farbfotos, Pappband. ●●

Glasmalerei
als Kunst und Hobby. (4088) Von F. Krettek und S. Beeh-Lustenberger, 132 S., 182 Farbfotos, 38 Motivvorlagen, Pappband. ●●●●

Naive Hinterglasmalerei
Materialien · Techniken · Bildvorlagen (5145) Von F. Krettek, 64 S., 87 Farbfotos, 6 Zeichnungen, Pappband. ●●

Kalligraphie
Die Kunst des schönen Schreibens (4263) Von C. Hartmann, 120 S., 44 Farbvorlagen, 29 s/w-Vorlagen, 2 s/w-Zeichnungen, 38 Farbfotos, Pappband. ●●●●

Seidenmalerei als Kunst und Hobby
(4264) Von S. Hahn, 136 S., 256 Farbfotos, 1 s/w-Foto, 34 Farbzeichnungen, Pappband. ●●●●

Kunstvolle Seidenmalerei
Mit zauberhaften Ideen zum Nachgestalten. (0783) Von I. Demharter, 32 S., 56 Farbfotos, Pappband. ●

Zauberhafte Seidenmalerei
Materialien · Techniken · Gestaltungsvorschläge. (0664) Von E. Dorn, 32 S., 62 Farbfotos, Pappband. ●

Neue zauberhafte Seidenmalerei
Motive und Anregungen aus der Natur. (0924) Von R. Henge, 80 S., 148 Farbfotos, 27 s/w-Zeichnungen, kart. ●●

Hobby Seidenmalerei
(0611) Von R. Henge, 88 S., 106 Farbfotos, 28 Zeichnungen, kart. ●●

Hobby Stoffdruck und Stoffmalerei
(0555) Von A. Ursin, 80 S., 68 Farbfotos, 68 Zeichnungen, kart. ●●

Stoffmalerei und Stoffdruck
Materialien · Techniken · Ideen · Modelle (5074) Von H. Gehring, 64 S., 110 Farbfotos, Pappband. ●●

Batik
leicht gemacht. Materialien · Färbetechniken · Gestaltungsideen. (5112) Von A. Gast, 64 S., 105 Farbfotos, Pappband. ●●

Die hier vorgestellten Bücher, Videokassetten und Software sind in folgende Preisgruppen unterteilt:

● Preisgruppe bis DM 10,–/S 79,–
●● Preisgruppe über DM 10,– bis DM 20,– S 80,– bis S 160,–
●●● Preisgruppe über DM 20,– bis DM 30,– S 161,– bis S 240,–
●●●● Preisgruppe über DM 30,– bis DM 50,– S 241,– bis S 400,–
●●●●● Preisgruppe über DM 50,–/S 401,–
*(unverbindliche Preisempfehlung)

Die Preise entsprechen dem Status beim Druck dieses Verzeichnisses (s. Seite 1) – Änderungen, im besonderen der Preise, vorbehalten –

Kreatives Bilderweben
Materialien – Vorlagen – Motive
(0814) Von A. Schulte-Huxel, 32 S., 58 Farbfotos, 8 Zeichnungen, Pappband. ●

Hobby Applikationen
Materialien · Techniken · Modelle.
(0899) Von H. Probst-Reinhardt, 80 S., 92 Farbfotos, 31 Zeichnungen, kart. ●●

Flechten
mit Bast, Stroh und Peddigrohr. (5098) Von H. Hangleiter, 64 S., 47 Farbfotos, 76 Zeichnungen, Pappband. ●●

Falken-Handbuch
Nähen
Abc der Nähtechniken und kreative Modellschneiderei in ausführlichen Schritt-für-Schritt-Bildfolgen. (4272) Von A. Bree, 320 S., 1142 Abbildungen, Schnittmusterbogen für alle Modelle, Pappband. ●●●●

Falken-Handbuch
Häkeln
ABC der Häkeltechniken und Häkelmuster in ausführlichen Schritt-für-Schritt-Bildfolgen. (4194) Von H. Fuchs, M. Natter, 288 S., 597 Farbfotos, 476 farbige Zeichnungen. Pappband. ●●●●

Häkeln
Schritt für Schritt für Rechts- und Linkshänder. (5134) Von H. Klaus, 64 S., 120 Farbfotos, 144 Zeichnungen, Pappband. ●●

Monogrammstickerei
Mit Vorlagen für Initialen, Vignetten und Ornamente. (5148) Von H. Fuchs, 64 S., 50 Farbfotos, 50 Zeichnungen, Pappband. ●●

Falken-Handbuch
Stricken
ABC der Stricktechniken und Strickmuster in ausführlichen Schritt-für-Schritt-Bildfolgen. (4137) Von M. Natter, 312 S., 106 Farb- und 922 s/w-Fotos, 318 Zeichnungen, Pappband. ●●●●

Das moderne Standardwerk von der Expertin
Perfekt Stricken
Mit Sonderteil Häkeln. (4250) Von H. Jaacks, 256 S., 703 Farbfotos, 169 Farb- und 121 s/w-Zeichnungen, Pappband. ●●●

Videokassette Stricken
(6007) VHS. Von P. Krolikowski-Habicht, H. Jaacks, 51 Min., in Farbe. ●●●●*

Stricken
Schritt für Schritt für Rechts- und Linkshänder. (5142) Von S. Oelwein-Schefczik, 64 S., 148 Farbfotos, 173 Zeichnungen, Pappband. ●●

Die schönsten Handarbeiten zum Verschenken
(4225) Von B. Wenzelburger, 128 S., 156 Farbfotos, 70 zweifarbige Zeichnungen, Pappband. ●●●●

Kuscheltiere stricken und häkeln
Arbeitsanleitungen und Modelle. (0734) Von B. Wehrle, 32 S., 60 Farbfotos, 28 Zeichnungen, Spiralbindung. ●

Hobby Patchwork und Quilten
(0768) Von B. Staub-Wachsmuth, 80 S., 108 Farbabb., 43 Zeichnungen, kart. ●●

Hobby Spitzencollagen
Bezaubernde Motive aus edlem Material. (0847) Von H. Westphal, 80 S., 186 Farbfotos, kart. ●●

Textiles Gestalten
Weben, Knüpfen, Batiken, Sticken, Objekte und Strukturen. (5123) Von J. Fricke, 136 S., 67 Farb- und 189 s/w-Fotos, 15 Zeichnungen, kart. ●●

Gestalten mit Glasperlen
fädeln · sticken · weben (0640) Von A. Köhler, 32 S., 55 Farbfotos, Spiralbindung. ●

Schmuck, Accessoires und Dekoratives
aus Fimo modelliert. (0873) Von A. Aurich, 32 S., 54 Farbfotos, Pappband. ●

Exklusiver Modeschmuck
aus dem eigenen Atelier
(0925) Von J. Niemeier, J. Klein, 80 S., 141 Farbfotos, 25 Zeichnungen, kart. ●●

Neue zauberhafte Salzteig-Ideen
(0719) Von I. Kiskalt, 80 S., 324 Farbfotos, 12 Zeichnungen, kart. ●●

Hobby Salzteig
(0662) Von I. Kiskalt, 80 S., 150 Farbfotos, 5 Zeichnungen, Schablonen, kart. ●●

Gestalten mit Salzteig
formen · bemalen · lackieren. (0613) Von W.-U. Cropp, 32 S., 56 Farbfotos, 17 Zeichnungen, Pappband. ●

Originell und dekorativ
Salzteig mit Naturmaterialien
(0833) Von A. und H. Wegener, 80 S., 166 Farbfotos, kart. ●●

Buntbemalte Kunstwerke aus Salzteig
Figuren, Landschaften und Wandbilder. (5141) Von G. Belli, 64 S., 165 Farbfotos, 1 Zeichnung, Pappband. ●●

Kreatives Gestalten mit Salzteig
Originelle Motive für Fortgeschrittene. (0769) Hrsg. I. Kiskalt, 80 S., 168 Farbfotos, kart. ●●

Videokassette Salzteig
(6010) VHS. Von I. Kiskalt, Dr. A. Teuchert, in Farbe, ca. 35 Min. ●●●●●*

Tiffany-Spiegel selbermachen
Materialien · Arbeitsanleitung · Vorlagen. (0761) Von R. Thomas, 32 S., 53 Farbfotos, Pappband. ●

Tiffany-Schmuck selbermachen
Materialien · Arbeitsanleitungen · Modelle. (0871) Von B. Poludniak, H. W. Scheib, 32 S., 54 Farbfotos, 3 Zeichnungen, Pappband. ●

Tiffany-Lampen selbermachen
Arbeitsanleitung · Materialien · Modelle. (0684) Von I. Spliethoff, 32 S., 60 Farbfotos, Pappband. ●

Hobby Glaskunst in Tiffany-Technik
(0781) Von N. Köppel, 80 S., 194 Farbfotos, 6 s/w-Abb., kart., ●●

Altes Brauchtum neu endeckt
Schmuck-Eier
Kunstvoll gestalten und verzieren. (0919) Von I. Kiskalt, 32 S., 45 Farbfotos, 3 s/w-Zeichnungen, Pappband. ●

Origami –
Die Kunst des Papierfaltens. (0280) Von R. Harbin, 160 S., 633 Zeichnungen, kart. ●

Hobby Origami
Papierfalten für groß und klein. (0756) Von Z. Aytüre-Scheele, 88 S., über 800 Farbfotos, kart. ●●

Neue zauberhafte Origami-Ideen
Papierfalten für groß und klein. (0805) Von Z. Aytüre-Scheele, 80 S., 720 Farbfotos, kart. ●●

Weihnachtsbasteleien
(0667) Von M. Kühnle und S. Beck, 32 S., 56 Farbfotos, 6 Zeichnungen, Pappband. ●

Alle Jahre wieder…
Avent und Weihnachten
Basteln – Backen – Schmücken – Singen – Vorlesen – Feiern.
(4260) Von H. und Y. Nadolny, 256 S., 105 Farbfotos, 130 Zeichnungen, Pappband. ●●●

Bastelspaß mit der Laubsäge
Mit Schnittmusterbogen für viele Modelle in Originalgröße. (0741) Von L. Giesche, M. Bausch, 32 S., 61 Farbfotos, 7 Zeichnungen, Schnittmusterbogen, Pappband. ●

Strohschmuck selbstgebastelt
Sterne, Figuren und andere Dekorationen (0740) Von E. Rombach, 32 S., 60 Farbfotos, 17 Zeichnungen, Pappband. ●

Das Herbarium
Pflanzen sammeln, bestimmen und pressen. (5113) Von I. Gabriel, 96 S., 140 Farbfotos, Pappband. ●●

Gestalten mit Naturmaterialien
Zweige, Kerne, Federn, Muscheln und anderes. (5128) Von I. Krohn, 64 S., 101 Farbfotos 11 farbige Zeichnungen, Pappband. ●●

Blütenbilder aus Blumen und Blättern
Phantasievolle Naturcollagen.
(0872) Von G. Schamp, 32 S., 57 Farbfotos, 1 Zeichnung, Pappband. ●

Dauergestecke
mit Zweigen, Trocken- und Schnittblumen. (5121) Von G. Vocke, 64 S., 57 Farbfotos, Pappband. ●●

Ikebana
Einführung in die japanische Kunst des Blumensteckens. (0548) Von G. Vocke, 152 S., 47 Farbfotos, kart. ●●

Hobby Trockenblumen
Gewürzsträuße, Gestecke, Kränze, Buketts. (0643) Von R. Strobel-Schulze, 88 S., 170 Farbfotos, kart. ●●

Hobby Gewürzsträuße
und zauberhafte Gebinde nach Salzburger Art. (0726) Von A. Ott, 80 S., 101 Farbfotos, 51 farbige Zeichnungen, kart. ●●

Trockenblumen und Gewürzsträuße
(5084) Von G. Vocke, 64 S., 63 Farbfotos, Pappband. ●●

Töpfern
als Kunst und Hobby. (4073) Von J. Fricke, 132 S., 37 Farbfotos, 222 s/w-Fotos, Pappband. ●●●●

Kreatives Gestalten mit Ton
Töpfern ohne Scheibe – Aufbaukeramik
(0896) Von A. Riedinger, 80 S., 207 Farbfotos, 16 Zeichnungen, 7 Vignetten, kart. ●●

Schöne Sachen modellieren
Originelles aus Cernit – ideenreich gestaltet. (0762) Von G. Thelen, 32 S., 105 Farbfotos, Pappband. ●

Porzellanpuppen
Zauberhafte alte Puppen selbst nachbilden. (5138) Von C. A. und D. Stanton, 64 S., 58 Farbfotos, 22 Zeichnungen, Pappband. ●●

Zauberhafte alte Puppen
Sammeln · Restaurieren · Nachbilden
(4255) Von C. A. Stanton, J. Jacobs, 120 S., 157 Farbfotos, 24 Zeichnungen, Pappband. ●●●●

Die hier vorgestellten Bücher, Videokassetten und Software sind in folgende Preisgruppen unterteilt:

● Preisgruppe bis DM 10,–/S 79,–
●● Preisgruppe über DM 10,– bis DM 20,– S 80,– bis S 160,–
●●● Preisgruppe über DM 20,– bis DM 30,– S 161,– bis S 240,–
●●●● Preisgruppe über DM 30,– bis DM 50,– S 241,– bis S 400,–
●●●●● Preisgruppe über DM 50,–/S 401,–
*(unverbindliche Preisempfehlung)

Die Preise entsprechen dem Status beim Druck dieses Verzeichnisses (s. Seite 1) – Änderungen, im besonderen der Preise, vorbehalten –

Stoffpuppen
Liebenswerte Modelle selbermachen. (5150) Von I. Wolff, 56 S., 115 Farbfotos, 15 Zeichnungen, mit Schnittmusterbogen, Pappband. ●●

Hobby Puppen
Bezaubernde Modelle selbst gestalten. (0742) Von B. Wenzelburger, 88 S., 163 Farbfotos, 41 Zeichnungen, 11 Schnittmuster, kart. ●●

Selbstgestrickte Puppen
Materialien und Arbeitsanleitungen. (0638) Von B. Wehrle, 32 S., 21 Farbfotos, 24 Zeichnungen, Pappband. ●

Dekorative Rupfenpuppen
Arbeitsanleitungen und Gestaltungsvorschläge. (0733) Von B. Wenzelburger, 32 S., 57 Farbfotos, 14 Zeichnungen, Spiralbindung. ●

Phantasiepuppen stricken und häkeln
Märchenhafte Modelle mit Arbeitsanleitungen. (0813) Von B. Wehrle, 32 S., 26 Farbfotos, 30 einfarbige und 16 dreifarbige Zeichnungen, Pappband. ●

Heißgeliebte Teddybären
Selbermachen · Sammeln · Restaurieren. (0900) Von H. Nadolny, Y. Thalheim, 80 S., 119 Farbfotos, 23 s/w-Zeichnungen, 14 S. Schnittmusterbogen, kart. ●●

Schritt für Schritt zum Scherenschnitt
Materialien · Techniken · Gestaltungsvorschläge. (0732) Von H. Klingmüller, 32 S., 38 Farbfotos, 34 Vorlagen, Pappband. ●

Hobby Drachen
bauen und steigen lassen. (0767) Von W. Schimmelpfennig, 80 S., 1 dreiseitige Ausklapptafel, 55 Farbfotos, 139 Zeichnungen, kart. ●●

Ferngelenkte Motorflugmodelle
bauen und fliegen. (0400) Von W. Thies, 184 S., mit Zeichnungen und Detailplänen, kart. ●●

Flugmodelle
bauen und einfliegen. (0361) Von W. Thies und W. Rolf, 160 S., 63 Abb., 7 Faltpläne, kart. ●●

Kleine Welt auf Rädern
Das faszinierende Spiel mit **Modelleisenbahnen** (4175) Von F. Eisen, 256 S., 72 Farb- und 180 s/w-Fotos, 25 Zeichnungen, Pappband. ●●●

Anlagenbau in Modultechnik
für Modelleisenbahnen und Dioramen. (0845) Von J. Thal, 104 S., 68 Farbfotos, 28 Zeichnungen, kart. ●●●

Videokassette
Die Modelleisenbahn
Anlagenbau in Modultechnik. Neue kreative Gestaltung. Neue raffinierte Techniken. (6028) VHS, von J. Grahn, 30 Min., in Farbe, ●●●●*

Schiffsmodelle
selber bauen. (0500) Von D. und R. Lochner, 200 S., 93 Zeichnungen, 2 Faltpläne, kart. ●●

Ferngelenkte Segelflugmodelle
bauen und fliegen. (0446) Von W. Thies, 176 S., 22 s/w-Fotos, 115 Zeichnungen, kart. ●●

Garagentore selbst bemalt
Techniken und Motive. (0786) Von H. und Y. Nadolny, 32 S., 24 Farbfotos, 12 s/w-Zeichnungen, Pappband. ●

Falken Handbuch
Heimwerken
Reparieren und Selbermachen im Haus und Wohnung - über 1100 Farbfotos. Praktische Tips vom Profi: Selbermachen, Reparieren, Renovieren, Kostensparen. (4117) Von Th. Pochert, 440 S., 1103 Farbfotos, 100 ein- und zweifarbige Abb., Pappband. ●●●●

Falken-Heimwerker-Praxis
Tapezieren
(0743) Von W. Nitschke, 112 S., 186 Farbfotos, 9 Zeichnungen, kart. ●●

Falken-Heimwerker-Praxis
Anstreichen und Lackieren
(0771) Von P. Müller, 120 S., 186 Farbfotos, 2 s/w Fotos, 3 Zeichnungen, kart. ●●

Falken-Heimwerker-Praxis
Fahrrad-Reparaturen
(0796) Von R. van der Plas, 112 S., 140 Farbfotos, 113 farbige Zeichnungen, kart. ●●

Falken-Heimwerker-Praxis
Kleinmöbel aus Holz
(0905) Von O. Maier, 128 S., 210 Farbfotos, 80 Zeichnungen, kart. ●●

Restaurieren von Möbeln
Stilkunde, Materialien, Techniken, Arbeitsanleitungen in Bildfolgen. (4120) Von E. Schnaus-Lorey, 152 S., 37 Farbfotos, 75 s/w Fotos, 352 Zeichnungen, Pappband. ●●●●

Möbel aufarbeiten, reparieren und pflegen
(0386) Von E. Schnaus-Lorey, 96 S., 28 Fotos, 101 Zeichnungen, kart. ●

Feuerzeichen behaglicher Wohnkultur
Kachelöfen, Kamine und Kaminöfen
(4288) Hrsg. von C. Berninghaus. Von R. Heinen, G. Kosicek, H. P. Sabborrosch, 168 S., 291 Farbfotos, 2 s/w-Fotos, 8 Zeichnungen, Pappband. ●●●●●

Moderne Fotopraxis
(4401) Von G. Koshofer, Prof. H. Wedewardt, 224 S., 363 Farbfotos, 106 s/w-Fotos, 5 Farb- und 24 s/w-Zeichnungen, Pappband. ●●●

Aktfotografie
Interpretationen zu einem unerschöpflichen Thema. Gestaltung · Technik · Spezialeffekte. (0737) Von H. Wedewardt, 88 S., 144 Farb- und 6 s/w-Fotos, 6 Zeichnungen, kart. ●●

Videokassette
Aktfotografie
(6001) VHS, Laufzeit ca. 60 Min. in Farbe. ●●●●●*

So macht man bessere Fotos
Das meistverkaufte Fotobuch der Welt. (0614) Von M. L. Taylor, 192 S., 457 Farbfotos, 15 Abb., kart. ●●

Schmalfilmen
Ausrüstung · Aufnahmepraxis · Schnitt · Ton. (0342) Von U. Ney, 108 S., 4 Farbtafeln, 25 s/w-Fotos, kart. ●

Schmalfilme selbst vertonen
(0593) Von U. Ney, 96 S., 57 s/w-Fotos, 14 Zeichnungen, kart. ●

Videografieren
Filmen mit Video 8. Technik – Bildgestaltung – Schnitt – Vertonung. (0843) Von M. Wild, K. Möller, 120 S., 101 Farbfotos, 22 s/w-Fotos, 52 Zeichnungen, kart. ●●

Videokassette
Videografieren
Filmen mit Video 8. Technik – Bildgestaltung – Schnitt – Vertonung. (6031) VHS, (6033) Beta, (6034) Sony 8 mm, von M. Wild, 60 Min., in Farbe. ●●●●●*

Mit vollem Genuß
Pfeife rauchen
Alles über Tabaksorten, Pfeifen und Zubehör. (4227) Von H. Behrens, H. Frickert, 168 S., 127 Farbfotos, 18 Zeichnungen, Pappband. ●●●●

Die Fazination der Philatelie
Briefmarken sammeln
(4273) Von D. Stein, 212 S., 124 s/w-Fotos, 24 Farbtafeln, Pappband. ●●●

Briefmarken
sammeln für Anfänger. (0481) Von D. Stein. 120 S., 4 Farbtafeln, 98 s/w-Abb., kart. ●

Münzen
Ein Brevier für Sammler. (0353) Von E. Dehnke, 128 S., 4 Farbtafeln, 17 s/w-Abb., kart. ●●

Astronomie als Hobby
Sternbilder und Planeten erkennen und benennen. (0572) Von D. Block, 176 S., 16 Farbtafeln, 49 s/w-Fotos, 93 Zeichnungen, kart. ●●

Astronomie im Bild
Unser Sternenhimmel rund ums Jahr
(0849) Von Dr. E. Übelacker, 88 S., 48 Farbfotos, 1 s/w-Foto, 68 Farbzeichnungen, kart. ●●

Freizeit mit dem Mikroskop
(0291) Von M. Deckart, 132 S., 8 Farbtafeln, 64 s/w-Abb., 2 Zeichnungen, kart. ●

Gitarre spielen
Ein Grundkurs für den Selbstunterricht. (0534) Von A. Roßmann, 96 S., 1 Schallfolie, 150 Zeichnungen, kart. ●●●

Komm mit ins Land der Lieder
Das große Buch der Kinder-, Volks- und Chorlieder. (4261) Hrsg. von H. Rauhe, 176 S., 146 Farbzeichnungen, Pappband. ●●●

Die schönsten Wander- und Fahrtenlieder
(0462) Hrsg. von F. R. Miller, empfohlen vom Deutschen Sängerbund, 80 S., mit Noten und Zeichnungen, kart. ●

Die schönsten Volkslieder
(0432) Hrsg. von D. Walther, 128 S., mit Noten und Zeichnungen, kart. ●

Technik

Dampflokomotiven
(4204) Von W. Jopp, 96 S., 134 Farbfotos, Pappband. ●●●

Die Super-Eisenbahnen der Welt
(4287) Von W. Kosak, H. G. Isenberg, 224 S., 269 Farbfotos, 79 s/w-Fotos, 8 Vignetten, 5 farb. Ausklapptafeln, Pappband. ●●●●

Zivilflugzeuge
Vom Kleinflugzeug zum Überschall-Jet (4218) Von R. J. Höhn, H. G. Isenberg, 96 S., 115 Farbfotos, Pappband. ●●●

Trucks
Giganten der Landstraßen in aller Welt. (4222) Von H. G. Isenberg, 96 S., 131 Farbfotos, Pappband. ●●●

Die Super-Trucks der Welt
(4257) Von H. G. Isenberg, 194 S., 205 Farbfotos, 87 s/w-Fotos, 7 Farbzeichnungen, 4 Ausklapptafeln, Pappband. ●●●●

Die hier vorgestellten Bücher, Videokassetten und Software sind in folgende Preisgruppen unterteilt:

● Preisgruppe bis DM 10,–/S 79,–
●● Preisgruppe über DM 10,– bis DM 20,– S 80,– bis S 160,–
●●● Preisgruppe über DM 20,– bis DM 30,– S 161,– bis S 240,–
●●●● Preisgruppe über DM 30,– bis DM 50,– S 241,– bis S 400,–
●●●●● Preisgruppe über DM 50,–/S 401,–
*(unverbindliche Preisempfehlung)

Die Preise entsprechen dem Status beim Druck dieses Verzeichnisses (s. Seite 1) – Änderungen, im besonderen der Preise, vorbehalten –

Die Super-Motorräder der Welt
(4193) Von H. G. Isenberg, 192 S., 170 Farb- und 100 s/w-Fotos, 8 Zeichnungen, Pappband. ●●●●

Motorrad-Hits
Chopper, Tribikes, Heiße Öfen. (4221) Von H. G. Isenberg, 96 S., 119 Farbfotos, Pappband. ●●●

Motorrad-Faszination
Heiße Öfen, von denen jeder träumt. (4223) Von H. G. Isenberg, 96 S., 103 Farb- und 20 s/w-Fotos, Pappband. ●●●

Sport und Fitneß

ZDF Sportjahr '87
Rekorde, Siege, Schicksale, Ergebnisse, Termine '88
(4290) Hrsg. von B. Heller, 192 S., 275 Farb- und 4 s/w-Fotos, kart. ●●

Neue Lehrmethoden der Judo-Praxis
(0424) Von P. Herrmann, 223 S., 475 Abb., kart. ●●

Judo
Grundlagen – Methodik. (0305) Von M. Ohgo, 208 S., 1025 Fotos, kart. ●●

Fußwürfe
für Judo, Karate und Selbstverteidigung. (0439) Von H. Nishioka, 96 S., 260 Abb., kart. ●

Modernes Karate
Das große Standardwerk mit 2229 Abbildungen. (4280) Von T. Okazaki, Dr. med. M. V. Stricevic, übers. von M. Pabst, 376 S., 2279 Abbildungen, Pappband. ●●●●●

Karate für alle
Karate-Selbstverteidigung in Bildern. (0314) Von A. Pflüger, 112 S., 356 s/w-Fotos, kart. ●

Nakayamas Karate perfekt 1
Einführung. (0487) Von M. Nakayama, 136 S., 605 s/w-Fotos, kart. ●●

Nakayamas Karate perfekt 2
Grundtechniken. (0512) Von M. Nakayama, 136 S., 354 s/w-Fotos, 53 Zeichnungen, kart. ●●

Nakayamas Karate perfekt 3
Kumite 1: Kampfübungen. (0538) Von M. Nakayama, 128 S., 424 s/w-Fotos, kart. ●●

Nakayamas Karate perfekt 4
Kumite 2: Kampfübungen. (0547) Von M. Nakayama, 128 S., 394 s/w-Fotos, kart. ●●

Nakayamas Karate perfekt 5
Kata 1: Heian, Tekki. (0571) Von M. Nakayama, 144 S., 1229 s/w-Fotos, kart. ●●

Nakayamas Karate perfekt 6
Kata 2: Bassai-Dai, Kanku-Dai, (0600) Von M. Nakayama, 144 S., 1300 s/w-Fotos, 107 Zeichnungen, kart. ●●

Nakayamas Karate perfekt 7
Kata 3: Jitte, Hangetsu, Empi. (0618) Von M. Nakayama, 144 S., 1988 s/w-Fotos, 105 Zeichnungen, kart. ●●

Nakayamas Karate perfekt 8
Gankaku, Jion. (0650) Von M. Nakayama, 144 S., 1174 s/w-Fotos, 99 Zeichungen, kart. ●●

Kontakt-Karate
Ausrüstung · Technik · Training. (0396) Von A. Pflüger, 112 S., 238 s/w-Fotos, kart. ●●

Karate-Do
Das Handbuch des modernen Karate. (4028) Von A. Pflüger, 360 S., 1159 Abb., Pappband. ●●●●

Bo-Karate
Kukishin-Ryu – die Techniken des Stockkampfes. (0447) Von G. Stiebler, 176 S., 424 s/w-Fotos, 38 Zeichnungen, kart. ●●

Karate 1
Einführung · Grundtechniken. (0227) Von A. Pflüger, 148 S., 195 s/w-Fotos, 120 Zeichnungen, kart. ●

Karate 2
Kombinationstechniken · Katas. (0239) Von A. Pflüger, 176 S., 452 s/w-Fotos und Zeichnungen, kart. ●

Karate Kata 1
Heian 1-5, Tekki 1, Bassai Dai. (0683) Von W.-D. Wichmann, 164 S., 703 s/w-Fotos, kart. ●●

Karate Kata 2
Jion, Empi, Kanku-Dai, Hangetsu. (0723) Von W.-D. Wichmann, 140 S., 661 s/ w-Fotos, 4 Zeichnungen, kart. ●●

25 Shotokan-Katas
Auf einen Blick: Karate-Katas für Prüfungen und Wettkämpfe. (0859) Von A. Pflüger, 88 S., 185 s/w-Abbildungen, 26 ganzseitige Tafeln mit über 1.600 Einzelschritten, kart. ●●

Videokassette
Karate
Einführung und Grundtechniken. (6037) VHS, Von A. Pflüger, ca. 45 Min., in Farbe, ●●●●●*

Ninja 1
Die Lehre der Schattenkämpfer. (0758) Von S. K. Hayes, 144 S., 137 s/w-Fotos, kart. ●●

Ninja 2
Die Wege zum Shoshin (0763) Von S. K. Hayes, 160 S., 309 s/w-Fotos, kart. ●●

Ninja 3
Der Pfad des Togakure-Kämpfers. (0764) Von S. K. Hayes, 144 S., 197 s/w-Fotos, 2 Zeichnungen, kart. ●●

Ninja 4
Das Vermächtnis der Schattenkämpfer. (0807) Von S. K. Hayes, 196 S., 466 s/w-Fotos, kart. ●●

Der König des Kung-Fu
Bruce Lee
Sein Leben und Kampf. (0392) Von L. Lee, 136 S., 104 s/w-Fotos, kart. ●●

Bruce Lees Kampfstil 1
Grundtechniken. (0473) Von B. Lee, M. Uyehara, 109 S., 220 Abb., kart. ●

Bruce Lees Kampfstil 2
Selbstverteidigungs-Techniken. (0486) Von B. Lee, M. Uyehara, 128 S., 310 Abb., kart. ●

Bruce Lees Kampfstil 3
Trainingslehre. (0503) Von B. Lee, M. Uyehara, 112 S., 246 Abb., kart. ●

Bruce Lees Kampfstil 4
Kampftechniken. (0523) Von B. Lee, M. Uyehara, 104 S., 211 Abb., kart. ●

Bruce Lees Jeet Kune Do
(0440) Von B. Lee, 192 S., mit 105 eigenhändigen Zeichnungen von B. Lee, kart. ●●

Ju-Jutsu 1
Grundtechniken – Moderne Selbstverteidigung. (0276) Von W. Heim, F. J. Gresch, 164 S., 450 s/w-Fotos, 8 Zeichnungen, kart. ●

Ju-Jutsu 2
für Fortgeschrittene und Meister. (0378) Von W. Heim, F. J. Gresch, 160 S., 798 s/w- Fotos, kart. ●●

Ju-Jutsu 3
Spezial-, Gegen- und Weiterführungs-Techniken. (0485) Von W. Heim, F. J. Gresch, 200 S., über 600 s/w-Fotos, kart. ●●

Ju-Jutsu als Wettkampf
(0826) Von G. Kulot, 168 S., 418 s/w-Fotos, 2 Zeichnungen, kart. ●●

Nunchaku
Waffe · Sport · Selbstverteidigung. (0373) Von A. Pflüger, 144 S., 247 Abb., kart. ●●

Shuriken · Tonfa · Sai
Stockfechten und andere bewaffnete Kampfsportarten aus Fernost. (0397) Von A. Schulz, 96 S., 253 s/w-Fotos, kart. ●●

Illustriertes Handbuch des Taekwondo
Koreanische Kampfkunst und Selbstverteidigung. (4053) Von K. Gil, 248 S., 1026 Abb., Pappband. ●●●

Taekwon-Do
Koreanischer Kampfsport. (0347) Von K. Gil, 152 S., 408 Abb., kart. ●●

Taekwondo perfekt 1
Die Formenschule bis zum Blaugurt. (0890) Von K. Gil, Kim Chul-Hwan, 176 S., 439 s/w-Fotos, 107 Zeichnungen, kart. ●●

Aikido
Lehren und Techniken des harmonischen Weges. (0537) Von R. Brand, 280 S., 697 Abb., kart. ●●

Kung-Fu und Tai-Chi
Grundlagen und Bewegungsabläufe. (0367) Von B. Tegner, 182 S., 370 s/w-Fotos, kart. ●●

Kung-Fu
Theorie und Praxis klassischer und moderner Stile. (0376) Von M. Pabst, 160 S., 330 Abb., kart. ●●

Shaolin-Kempo – Kung-Fu
Chinesisches Karate im Drachenstil. (0395) Von R. Czerni, K. Konrad. 246 S., 723 Abb., kart. ●●

Hap Ki Do
Grundlagen und Techniken koreanischer Selbstverteidigung. (0379) Von Kim Sou Bong, 112 S., 153 Abb., kart. ●●

Dynamische Tritte
Grundlagen für den Zweikampf. (0438) Von C. Lee, 96 S., 398 s/w-Fotos, 10 Zeichnungen, kart. ●

Kickboxen
Fitneßtraining und Wettkampfsport. (0795) Von G. Lemmens, 96 S., 208 s/w-Fotos, 23 Zeichnungen, kart. ●●

Selbstverteidigung
Abwehrtechniken für Sie und Ihn (0853) Von E. Deser, 96 S., 259 s/w-Fotos, kart. ●

Muskeltraining mit Hanteln
Leistungssteigerung für Sport und Fitness. (0676) Von H. Schulz, 108 S., 92 s/w-Fotos, 2 Zeichnungen, kart. ●

Leistungsfähiger durch Krafttraining
Eine Anleitung für Fitness-Sportler, Trainer und Athleten (0617) Von W. Kieser, 100 S., 20 s/w-Fotos, 62 Zeichnungen, kart. ●

Die Faszination athletischer Körper
Bodybuilding
mit Weltmeister Ralf Möller. (4281) Von R. Möller, 128 S., 169 Farbfotos, 14 s/w-Fotos, 1 Farbzeichnung, Pappband. ●●●●

Die hier vorgestellten Bücher, Videokassetten und Software sind in folgende Preisgruppen unterteilt:

● Preisgruppe bis DM 10,–/S 79,–
●● Preisgruppe über DM 10,– bis DM 20,– S 80,– bis S 160,–
●●● Preisgruppe über DM 20,– bis DM 30,– S 161,– bis S 240,–
●●●● Preisgruppe über DM 30,– bis DM 50,– S 241,– bis S 400,–
●●●●● Preisgruppe über DM 50,–/S 401,–
*(unverbindliche Preisempfehlung)

Die Preise entsprechen dem Status beim Druck dieses Verzeichnisses (s. Seite 1) – Änderungen, im besonderen der Preise, vorbehalten –

Bodybuilding
Anleitung zum Muskel- und Konditionstraining für sie und ihn. (0604) Von R. Smolana. 160 S., 171 s/w-Fotos, kart. ●

Hanteltraining zu Hause
(0800) Von W. Kieser, 80 S., 71 s/w-Fotos, 4 Zeichnungen, kart. ●

Fit und gesund
Körpertraining und Bodybuilding zu Hause. (0782) Von H. Schulz, 80 S., 100 Farbfotos, 3 Zeichnungen, kart. ●●

Videokassette
Fit und gesund
(6013) VHS, Laufzeit 30 Minuten, in Farbe. ●●●●*

Bodybuilding für Frauen
Wege zu Ihrer Idealfigur (0661) Von H. Schulz, 108 S., 84 s/w-Fotos, 4 Zeichnungen, kart. ●●

Bodyshaping · Bodybuilding
Mit Anja Albrecht zur Idealfigur. (4405) Von A. Albrecht, 128 S., 164 Farbfotos, 4 s/w-Fotos, 1 Farb- und 1 s/w-Zeichnung, Pappband. ●●●●

Optimale Ernährung
für Krafttraining und Budybuilding. (0912) Von B. Dahmen, 88 S., 8 Farbtafeln, 8 Zeichnungen, kart. ●

Top-Form im Sport
Ernährungs-Training
Das Erfolgsprogramm für den Ausdauersportler. (0945) Von M. Inzinger, Dipl.-Oec. troph. G. Wagner, 160 S., 31 Farbzeichnungen, 16 Grafiken, kart. ●●

Gesund und leistungsfähig durch
Konditionsübungen, Fitneßtraining, Wirbelsäulengymnastik
(0844) Von R. Milser, K. Grafe, 104 S., 99 Farbfotos, 12 Farbzeichnungen, 5 s/w-Zeichnungen, kart. ●●

Stretching
Mit Dehnungsgymnastik zu Entspannung. Geschmeidigkeit und Wohlbefinden. (0717) Von H. Schulz, 80 S. 90 s/w-Fotos, kart. ●

Isometrisches Training
Übungen für Muskelkraft und Entspannung. (0529) Von L. M. Kirsch, 140 S., 162 s/w-Fotos, kart. ●

Gesund und fit durch Gymnastik
(0366) Von H. Pilss-Samek, 132 S., 150 Abb., kart. ●

Spaß am Laufen
Jogging für die Gesundheit. (0470) Von W. Sonntag, 140 S., 41 s/w-Fotos, 1 Zeichnung, kart. ●

Mein bester Freund, der Fußball
(5107) Von D. Brüggemann, D. Albrecht, 144 S., 171 Abb., kart. ●●

Fußball
Training und Wettkampf. (0448) Von H. Obermann, P. Walz, 166 S., 92 s/w-Fotos, 15 Zeichnungen, 29 Diagramme, kart. ●●

Handball
Technik · Taktik · Regeln. (0426) Von F. und P. Hattig, 128 S., 91 s/w-Fotos, 121 Zeichnungen, kart. ●●

Volleyball
Technik · Taktik · Regeln. (0351) Von H. Huhle, 104 S., 330 Abb., kart. ●

Badminton
Technik · Taktik · Training. (0699) Von K. Fuchs, L. Sologub, 168 S., 51 Abb., kart., ●●

Die neue Tennis-Praxis
Der individuelle Weg zu erfolgreichem Spiel. (4097) Von R. Schönborn, 240 S., 202 Farbzeichnungen, 31 s/w-Abb., Pappband. ●●●●

Erfolgreiche Tennis-Taktik
(4086) Von R. Ford Greene, übersetzt von M. R. Fischer, 182 S., 87 Abb., kart. ●●

Moderne Tennistechnik
(4187) Von G. Lam, 192 S., 339 s/w-Fotos, 91 Zeichnungen, kart. ●●●

Tennis
Technik · Taktik · Regeln. (0375) Von H. Elschenbroich, 112 S., 81 Abb., kart. ●

Tischtennis-Technik
Der individuelle Weg zu erfolgreichem Spiel. (0775) Von M. Perger, 144 S., 296 Abb. kart. ●●

Squash
Ausrüstung · Technik · Regeln. (0539) Von D. von Horn, H.-D. Stünitz, 96 S., 55 s/w-Fotos, 25 Zeichnungen, kart. ●

Golf
Ausrüstung · Technik · Regeln. (0343) Von J. C. Jessop, übersetzt von H. Biemer, mit einem Vorwort von H. Krings, Präsident des Deutschen Golf-Verbandes, 160 S., 65 Abb., Anhang Golfregeln des DGV, kart. ●●

Pool-Billard
(0484) Herausgegeben vom Deutschen Pool- Billard-Bund, von M. Bach, K.-W. Kühn, 104 S., mit über 64 Abb., kart. ●

Sportschießen
für jedermann. (0502) Von A. Kovacic, 124 S., 116 s/w-Fotos, kart. ●●

Fechten
Florett · Degen · Säbel. (0449) Von E. Beck, 88 S., 185 Fotos, 10 Zeichnungen, kart. ●●

Wir lernen tanzen
Standard- und lateinamerikanische Tänze. (0200) Von E. Fern, 168 S., 118 s/w-Fotos, 47 Zeichnungen, kart. ●

So tanzt man Rock'n'Roll
Grundschritte · Figuren · Akrobatik. (0573) Von W. Steuer und G. Marz, 224 S., 303 Abb., kart. ●●

Tanzen überall
Discofox, Rock'n'Roll, Blues, Langsamer Walzer, Cha-Cha-Cha zum Selberlernen. (0760) Von H. M. Pritzer, 112 S., 128 Farbfotos, kart. ●●

Anmutig und fit durch
Bauchtanz
(0911) Von Marta, 120 S., 229 Farbfotos, 6 s/w-Zeichnungen, kart. ●●

Fit mit **Stretching**
(2304) Von B. Kurz, 96 S., 255 Farbfotos, kart. ●●

Fit mit **Tai Chi**
als sanfte Körpererfahrung
(2305) Von B. u. K. Moegling, 112 S., 121 Farbfotos, 6 Farb- u. 4 s/w-Zeichnungen, kart. ●●

Fit mit **Volleyball**
(2302) Von Dr. A. Scherer, 104 S., 27 Farb- und 1 s/w-Foto, 12 Farb- und 29 s/w-Zeichnungen, kart. ●●

Fit mit **Tanzen**
(2303) Von K. Richter, H. Kleinow, 88 S., 94 Farbfotos, kart. ●●

Fit mit **Karate**
(2308) Von A. Pflüger, 96 S., 134 Farbfotos, 4 s/w-Zeichnungen, kart. ●●

Funboard-Surfen
Material · Technik · Regatten · Internationale Reviere. (4297) Von J. Evans, 144 S., 106 Farbfotos, 9 Farbzeichnungen, 68 zweifarbige und 5 s/w-Zeichnungen, kart. ●●●

Segeln
Der neue Grundschein – Vorstufe zum A-Schein – Mit Prüfungsfragen. (5147) Von C. Schmidt, 80 S., 8 Farbtafeln, 18 Farbfotos, 82 Zeichnungen, kart., ●●

Falken-Handbuch
Angeln
in Binnengewässern und im Meer. (4090) Von H. Oppel, 344 S., 24 Farbtafeln, 66 s/w-Fotos, 151 Zeichnungen, gebunden. ●●●●

Angeln
Kleine Fibel für den Sportfischer. (0198) Von E. Bondick, 96 S., 116 Abb., kart. ●

Sportfischen
Fische – Geräte – Techniken. (0324) Von H. Oppel, 144 S., 49 s/w-Fotos, 8 Farbtafeln, kart. ●

Sporttauchen
Theorie und Praxis des Gerätetauchens. (0647) Von S. Müßig, 144 S., 8 Farbtafeln, 35 s/w-Fotos, 89 Zeichnungen, kart. ●●

Ski-Gymnastik
Fit für Piste und Loipe. (0450) Von H. Pilss-Samek, 104 S., 67 s/w-Fotos, 20 Zeichnungen, kart. ●

Alpiner Skisport
Ausrüstung · Techniken · Skigymnastik. (5130) Von K. Meßmann, 128 S., 8 Farbtafeln, 93 s/ w-Fotos, 45 Zeichnungen, kart. ●●

Skilanglauf, Skiwandern
Ausrüstung · Techniken · Skigymnastik. (5129) Von T. Reiter und R. Kerler, 80 S., 8 Farbtafeln, 85 Zeichnungen und s/w-Fotos, kart. ●●

Eishockey
Lauf- und Stocktechnik, Körperspiel, Taktik, Ausrüstung und Regeln. (0414) Von J. Čapla, 264 S., 548 s/w-Fotos, 163 Zeichnungen, kart. ●●

Fibel für Kegelfreunde
Sport- und Freizeitkegeln · Bowling. (0191) Von G. Bocsai, 72 S., 62 Abb., kart. ●

Beliebte und neue Kegelspiele
(0271) Von G. Bocsai, 92 S., 62 Abb., kart. ●

111 spannende Kegelspiele
(2031) Von H. Regulski, 88 S., 53 Zeichnungen, kart., ●

Schach

Einführung in das Schachspiel
(0104) Von W. Wollenschläger und K. Colditz, 92 S., 116 Diagramme, kart. ●

Falken-Handbuch **Schach**
(4051) Von T. Schuster, 360 S., über 340 Diagramme, gebunden. ●●●●

Spielend Schach lernen
(2002) Von T. Schuster, 128 S., kart. ●

Kinder- und Jugendschach
Offizielles Lehrbuch des Deutschen Schachbundes zur Erringung der Bauern-, Turm- und Königsdiplome. (0561) Von B. J. Withuis, H. Pfleger, 144 S., 220 Zeichnungen und Diagramme, kart. ●●

Neue Schacheröffnungen
(0478) Von T. Schuster, 108 S., 100 Diagramme, kart. ●

Die hier vorgestellten Bücher, Videokassetten und Software sind in folgende Preisgruppen unterteilt:

● Preisgruppe bis DM 10,–/S 79,–
●● Preisgruppe über DM 10,– bis DM 20,– S 80,– bis S 160,–
●●● Preisgruppe über DM 20,– bis DM 30,– S 161,– bis S 240,–
●●●● Preisgruppe über DM 30,– bis DM 50,– S 241,– bis S 400,–
●●●●● Preisgruppe über DM 50,–/S 401,–
*(unverbindliche Preisempfehlung)

Die Preise entsprechen dem Status beim Druck dieses Verzeichnisses (s. Seite 1) – Änderungen, im besonderen der Preise, vorbehalten –

Schach für Fortgeschrittene
Taktik und Probleme des Schachspiels. (0219) Von R. Teschner, 96 S., 85 Diagramme, kart. ●

Taktische Schachendspiele
(0752) Von J. Nunn, 200 S., 151 Diagramme, kart. ●●

Die Schach-Revanche
Kasparow/Karpow 1986. (0831) Von O. Borik, H. Pfleger, M. Kipp-Thomas, 144 S., 19 s/w-Fotos, 72 Diagramme, kart. ●●

Schachstrategie
Ein Intensivkurs mit Übungen und ausführlichen Lösungen. (0584) Von A. Koblenz, dt. Bearb. von K. Colditz, 212 S., 240 Diagramme, kart. ●●

Schachtraining mit den Großmeistern
(0670) Von H. Bouwmeester, 128 S., 90 Diagramme, kart. ●●

Schach als Kampf
Meine Spiele und mein Weg. (0729) Von G. Kasparow, 144 S., 95 Diagramme, 9 s/w-Fotos, kart. ●●

Helmut Pflegers
Schachkabinett
Amüsante Aufgaben – überraschende Lösungen. (0877) Von H. Pfleger, 160 S., 118 Diagramme, kart. ●●

Die besten Partien deutscher Schachgroßmeister
(4121) Von H. Pfleger, 192 S., 29 s/w-Fotos, 89 Diagramme, Pappband. ●●●

Lehr-, Übungs- und Testbuch der Schachkombinationen
(0649) Von K. Colditz, 184 S., 227 Diagramme, kart. ●●

Die hohe Schule der
Schachkombination
(0920) Von W. Golz, P. Keres, 272 S., 322 Diagramme, Pappband. ●●

Offizielles Lehrbuch des Deutschen Schachbundes
Das systematische Schachtraining
Trainingsmethoden, Strategien und Kombinationen. (0857) Von Sergiu Samarian, 152 S., 159 Diagramme, 1 Zeichnung, kart. ●●

So denkt ein Schachmeister
Strategische und taktische Analysen. (0915) Von H. Pfleger, G. Treppner, 120 S., 75 Diagramme, kart. ●●

FALKEN-SOFTWARE
Das komplette Schachprogramm
Spielen, Trainieren, Problemlösen mit dem Computer. (7006) Von J. Egger, Diskette für C 64, C 128 PC, mit Begleitheft. ●●●●●*

Zug um Zug
Schach für jedermann 1
Offizielles Lehrbuch des Deutschen Schachbundes zur Erringung des Bauerndiploms. (0648) Von H. Pfleger, E. Kurz, 80 S., 24 s/w-Fotos, 8 Zeichnungen, 60 Diagramme, kart. ●

Zug um Zug
Schach für jedermann 2
Offizielles Lehrbuch des Deutschen Schachbundes zur Erringung des Turmdiploms. (0659) Von H. Pfleger, E. Kurz, 132 S., 8 s/w-Fotos, 14 Zeichnungen, 78 Diagramme, kart. ●

Zug um Zug
Schach für jedermann 3
Offizielles Lehrbuch des Deutschen Schachbundes zur Erringung des Königdiploms. (0728) Von H. Pfleger, G. Treppner, 128 S., 4 s/w-Fotos, 84 Diagramme, 10 Zeichnungen, kart. ●

Zug um Zug
Schach für jedermann 1
(7015) Wendediskette für C 64/C 128 PC, mit Begleitheft. ●●●●*
(7005) Wendediskette für Atari ST 520/1040, mit Begleitheft. ●●●●●*

Schach mit dem Computer
(0747) Von D. Frickenschmidt, 140 S., 112 Diagramme, 29 s/w-Fotos, 5 Zeichnungen, kart. ●●

Spiele und Denksport

Kartenspiele
(2001) Von C. D. Grupp, 144 S., kart. ●

Neues Buch der siebzehn und vier Kartenspiele
(0095) Von K. Lichtwitz, 96 S., kart. ●

Alles über Pokern
Regeln und Tricks. (2024) Von C. D. Grupp, 112 S., 29 Kartenbilder, kart. ●

Rommé und Canasta
in allen Variationen. (2025) Von C. D. Grupp, 124 S., 24 Zeichnungen, kart., ●

Schafkopf, Doppelkopf, Binokel, Cego, Gaigel, Jaß, Tarock und andere „Lokalspiele".
(2015) Von C. D. Grupp, 152 S., kart. ●●

Spielend Skat lernen
unter freundlicher Mitarbeit des Deutschen Skatverbandes. (2005) Von Th. Krüger, 156 S., 181 s/w-Fotos, 22 Zeichnungen, kart. ●

Das Skatspiel
Eine Fibel für Anfänger. (0206) Von K. Lehnhoff, überarb. von P. A. Höfges, 96 S., kart. ●

Black Jack
Regeln und Strategien des Kasinospiels. (2032) Von K. Kelbratowski, 88 S., kart. ●

Falken-Handbuch **Patiencen**
Die 111 interessantesten Auslagen. (4151) Von U. v. Lyncker, 216 S., 108 Abbildungen, Pappband. ●●●

Patiencen
in Wort und Bild. (2003) Von I. Wolter, 136 S., kart. ●

Neue Patienten
(2036) Von H. Sosna, 160 S., 43 Farbtafeln, kart. ●●

Falken-Handbuch **Bridge**
Von den Grundregeln zum Turnierspiel. (4092) Von W. Voigt und K. Ritz, 280 S., 792 Zeichnungen, gebunden. ●●●●

Spielend Bridge lernen
(2012) Von J. Weiss, 108 S., 58 Zeichnungen, kart. ●

Spieltechnik im Bridge
(2004) Von V. Mollo und N. Gardener, deutsche Adaption von D. Schröder, 216 S., kart. ●●

Besser Bridge spielen
Reiztechnik, Spielverlauf und Gegenspiel. (2026) Von J. Weiss, 144 S., 60 Diagramme, kart. ●●

Herausforderung im Bridge
200 Aufgaben mit Lösungen. (2033) Von V. Mollo, 152 S., kart. ●●

Präzisions-Treff im Bridge
(2037) Von E. Jannersten, 152 S., kart. ●●

Kartentricks
(2010) Von T. A. Rosee, 80 S., 13 Zeichnungen, kart. ●

Mah-Jongg
Das chinesische Glücks-, Kombinations- und Gesellschaftsspiel. (2030) Von U. Eschenbach, 80 S., 30 s/w-Fotos, 5 Zeichnungen, kart. ●

Neue Kartentricks
(2027) Von K. Pankow, 104 S., 20 Abb., kart. ●

Backgammon
für Anfänger und Könner. (2008) Von G. W. Fink und G. Fuchs, 116 S., 41 Abb., kart. ●

Würfelspiele
für jung und alt. (2007) Von F. Pruss, 112 S., 21 s/w-Zeichnungen, kart. ●

Gesellschaftsspiele
für drinnen und draußen. (2006) Von H. Görz, 128 S., kart. ●

Spiele für Party und Familie
(2014) Von Rudi Carrell, 160 S., 50 Abb., kart. ●

Das japanische Brettspiel Go
(2020) Von W. Dörholt, 104 S., 182 Diagramme, kart. ●

Roulette richtig gespielt
Systemspiele, die Vermögen brachten. (0121) Von M. Jung, 96 S., zahlreiche Tabellen, kart. ●

Spielend Roulette lernen
(2034) Von E. P. Caspar, 152 S., 1 s/w-Foto, 45 Zeichnungen, kart. ●●

Gesellschaftsspiele
für drinnen und draußen. (2006) Von H. Görz, 128 S., kart. ●

Spiele für Party und Familie
(2014) Von Rudi Carrel, 160 S., 50 Abb. kart. ●

Neue Spiele für Ihre Party
(2022) Von G. Blechner, 120 S., 54 Zeichnungen, kart. ●

Lustige Tanzspiele und Scherztänze
für Partys und Feste. (0165) Von E. Bäulke, 80 S., 53 Abb., kart. ●

Straßenfeste, Flohmärkte und Basare
Praktische Tips für Organisation und Durchführung. (0592) Von H. Schuster, 96 S., 52 Fotos, 17 Zeichnungen, kart. ●●

Zaubertricks für jedermann
(0282) Von J. Merlin, 176 S., 113 Abb., kart. ●●

Zaubern
einfach - aber verblüffend. (2018) Von D. Bouch, 84 S., 41 Zeichnungen, kart. ●

Magische Zaubereien
(0672) Von Widenmann, 64 S., 31 Zeichnungen, kart. ●

Kinderspiele
die Spaß machen. (2009) Von H. Müller-Stein, 112 S., 28 Abb., kart. ●

Spiele für Kleinkinder
(2011) Von D. Kellermann, 80 S., 23 Abb., kart. ●

Spiel und Spaß am Krankenbett
für Kinder und die ganze Familie. (2035) Von H. Bücken, 104 S., 97 Zeichnungen, kart. ●

Die hier vorgestellten Bücher, Videokassetten und Software sind in folgende Preisgruppen unterteilt:

● Preisgruppe bis DM 10,–/S 79,–
●● Preisgruppe über DM 10,– bis DM 20,– S 80,– bis S 160,–
●●● Preisgruppe über DM 20,– bis DM 30,– S 161,– bis S 240,–
●●●● Preisgruppe über DM 30,– bis DM 50,– S 241,– bis S 400,–
●●●●● Preisgruppe über DM 50,–/S 401,–
*(unverbindliche Preisempfehlung)

Die Preise entsprechen dem Status beim Druck dieses Verzeichnisses (s. Seite 1) – Änderungen, im besonderen der Preise, vorbehalten –

FALKEN
Falken-Verlag GmbH · Postfach 1120 D-6272 Niedernhausen/Ts. · Tel.: 06127/7020

sperletheater
ieltexte und Spielanleitungen · Basteltips
Theater und Puppen. (0641) Von U. Lietz,
6 S., 4 Farbtafeln, 12 s/w-Fotos, 39 Zeich-
ngen, kart. ●

obeleien und Denksport
019) Von K. Rechberger, 142 S., 105 Zeich-
ngen, kart. ●

s Geheimnis der magischen Ringe
les über das Puzzle vom Würfel-Erfinder.
e schönsten Figuren.
378) Von Dr. Ch. Bandelow, 96 S.,
8 Zeichnungen, 8 Cartoons, kart. ●

uiz
ehr als 1500 ernste und heitere Fragen aus
en Gebieten. (0129) Von R. Sautter und
Pröve, 92 S., 9 Zeichnungen, kart. ●

0 Rätsel selberraten
681) Von E. Krüger, 272 S., kart. ●

1 Rätsel selberraten
711) Von E. Krüger, 272 S., kart. ●

esen-Kreuzwort-Rätsel-Lexikon
er 250.000 Begriffe. (4197) Von H. Schie-
bein, 1024 S., Pappband. ●●●

as Super-Kreuzwort-Rätsel-Lexikon
er 150.000 Begriffe. (4279) Von H. Schie-
lbein, 688 S., Pappband. ●●

uten Tag, Kinder!
eue Texte mit Spielanleitungen fürs
sperletheater. (0861) Von U. Lietz, 96 S.,
s/w-Zeichnungen, kart. ●

indergeburtstag
rbereitung, Spiel und Spaß. (0287) Von Dr.
Obrig, 136 S., 40 Abb., 11 Zeichnungen,
Lieder mit Noten, kart. ●

indergeburtstage die keiner vergißt
anung, Gestaltung, Spielvorschläge.
698) Von G. und G. Zimmermann, 102 S.,
Vignetten, kart. ●

inderfeste
heim und in Gruppen. (4033) Von
Blechner, 240 S., 320 Abb., kart. ●●

cherzfragen, Drudel und Blödeleien
esammelt von Kindern. (0506) Hrsg. von W.
öve, 112 S., 57 Zeichnungen, kart. ●

Humor und Unterhaltung

eitere Vorträge und witzige Reden
achen, Witz und gute Laune. (0149) Von
Müller, 104 S., 44 Abb., kart. ●

eitere Vorträge
528) Von E. Müller, 128 S., 14 Zeichnun-
en, kart. ●

ie große Lachparade
eue Texte für heitere Vorträge und Ansa-
en. (0188) Von E. Müller, 80 S., kart. ●

o feiert man Feste fröhlicher
eitere Vorträge und Gedichte.
098) Von Dr. Allos, 96 S., 15 Abb., kart. ●

ustige Vorträge für fröhliche Feiern
284) Von K. Lehnhoff, 96 S., kart. ●

ergnügliches Vortragsbuch
091) Von J. Plaut, 192 S., kart. ●

umor und Stimmung
in heiteres Vortragsbuch. (0460) Von
. Wagner, 112 S., kart. ●

umor und gute Laune
in heiteres Vortragsbuch. (0635) Von
. Wagner, 112 S., 5 Zeichnungen, kart. ●

Gereimte Vorträge
für Bühne und Bütt. (0567) Von G. Wagner,
96 S., kart. ●

Damen in der Bütt
Scherze, Büttenreden, Sketsche.
(0354) Von T. Müller, 136 S., kart. ●

Narren in der Bütt
Leckerbissen aus dem rheinischen Karneval.
(0216) Zusammengestellt von T. Lücker,
112 S., kart. ●

Rings um den Karneval
Karnevalsscherze und Büttenreden. (0130)
Von Dr. Allos, 144 S., 2 Zeichnungen, kart.
●●

Helau und Alaaf 1
Närrisches aus der Bütt.
(0304) Von E. Müller, 112 S., 4 Zeichnungen,
kart. ●

Helau und Alaaf 2
Neue Büttenreden.
(0477) Von E. Luft, 104 S., kart. ●

Helau und Alaaf 3
Neue Reden für die Bütt. (0832) Von
H. Fauser, 144 S., 13 Zeichnungen, kart. ●

Wir feiern Karneval
Festgestaltung und Reden für die närrische
Zeit. (0904) Von M. Zweigler, 120 S., 4 Zeich-
nungen, kart. ●

Tolle Sketche
mit zündenden Pointen – zum Nachspielen.
(0656) Von E. Cohrs, 112 S., kart. ●

Vergnügliche Sketche
(0476) Von H. Pillau, 96 S., 7 Zeichnungen,
kart. ●

Fidele Sketche und heitere Vorträge
Humor zum Nachspielen. (0157) Von
H. Ehnle. 96 S., kart. ●

Vorhang auf!
Neue Sketche für jung und alt.
(0898) Von H. Pillau, 96 S., 22 Zeichnungen,
kart. ●

Sketche und spielbare Witze
für bunte Abende und andere Feste. (0445)
Von H. Friedrich, 120 S., 7 Zeichnungen, kart.
●

Sketche
Kurzspiele zu amüsanter Unterhaltung.
(0247) Von M. Gering, 132 S., 16 Abb., kart.,
●

Witzige Sketche zum Nachspielen
(0511) Von D. Hallervorden, 160 S., kart. ●●

Sketche und Blackouts zum Nachspielen
(0941) Von E. Cohrs, 112 S., 12 Zeichnungen,
kart. ●

Locker vom Hocker
Witzige Sketche zum Nachspielen.
(4262) Von W. Giller, 144 S., 41 Zeichnun-
gen, Pappband. ●●

Phantasievolles Schminken
Verzauberte Gesichter für Maskeraden,
Laienspiel und Kinderfeste. (0907) Hrsg. von
Y. u. H. Nadolny, 64 S., 227 Farbfotos, kart.
●●

Die Kleidermotte ernährt sich von nichts, sie frißt nur Löcher
Stilblüten, Sprüche und Widersprüche aus
Schule, Zeitung, Rundfunk und Fernsehen.
(0738) Von P. Haas, D. Kroppach, 112 S.,
zahlreiche Abb. kart. ●

Da lacht das Publikum
Neue lustige Vorträge für viele Gelegenhei-
ten. (0716) Von H. Schmalenbach, 104 S.,
kart. ●

Witzig, witzig
(0507) Von E. Müller, 128 S., 16 Zeichnun-
gen, kart. ●

Die besten Witze und Cartoons des Jahres 1
(0454) Hrsg. von K. Hartmann, 288 S.,
125 Zeichnungen, geb. ●●

Die besten Witze und Cartoons des Jahres 4
(0579) Hrsg. von K. Hartmann, 288 S.,
140 Zeichnungen, Pappband. ●●

Die besten Witze und Cartoons des Jahres 5
(0642) Hrsg. von K. Hartmann, 288 S.,
88 Zeichnungen, Pappband. ●●

Die besten Witze und Cartoons des Jahres 6
(0916) Hrsg. von D. Kroppach, 288 S.,
84 Zeichnungen, Pappband. ●●

Das Superbuch der Witze
(4146) Von B. Bornheim, 504 S.,
54 Cartoons, Pappband. ●●

Witze
Lachen am laufenden Band (4241) Von
J. Burkert, D. Kroppach, 400 S., 41 Zeich-
nungen, Pappband. ●●

Heller Wahnwitz
(0887) Von D. Kroppach, 220 S., 200 Vig-
netten, kart. ●

Spaßvögel
Über sexhundert komische Nummern.
(0888) Von E. Zeller, mit Limericks von
W. Müller, 220 S., 200 Vignetten, kart. ●

Total bescheuert
Kinder- und Schülerwitze.
(0889) Von G. Geßner und E. Zeller, 220 S.,
200 Vignetten, kart. ●

Die besten Beamtenwitze
(0574) Hrsg. von W. Pröve, 112 S., 59 Car-
toons, kart. ●

Die besten Kalauer
(0705) Von K. Frank, 112 S., 12 Zeichnungen,
kart., ●

Robert Lembkes Witzauslese
(0325) Von Robert Lembke, 160 S., 10 Zeich-
nungen von E. Köhler, Pappband. ●●

Fred Metzlers Witze mit Pfiff
(0368) Von F. Metzler, 112 S., kart. ●

O frivol ist mir am Abend
Pikante Witze von Fred Metzler. (0388) Von
F. Metzler, 128 S., mit Karikaturen, kart. ●

Herrenwitze
(0589) Von G. Wilhelm, 112 S., 31 Zeichnun-
gen, kart. ●

Witze am laufenden Band
(0461) Von F. Asmussen, 118 S., kart. ●

Horror zum Totlachen
Gruselwitze
(0536) Von F. Lautenschläger, 96 S.,
44 Zeichnungen, kart. ●

Die besten Ostfriesenwitze
(0495) Hrsg. von O. Freese, 80 S., 15 Zeich-
nungen, kart. ●

Olympische Witze
Sportlerwitze in Wort und Bild.
(0505) Von W. Willnat, 112 S., 126 Zeichnun-
gen, kart. ●

Ich lach mich kaputt! Die besten Kinderwitze
(0545) Von E. Hannemann, 128 S., 15 Zeich-
nungen, kart. ●

ie hier vorgestellten Bücher, Videokassetten und Software sind in folgende Preisgruppen unterteilt:

● Preisgruppe bis DM 10,–/S 79,–
●● Preisgruppe über DM 10,– bis DM 20,– S 80,– bis S 160,–
●●● Preisgruppe über DM 20,– bis DM 30,– S 161,– bis S 240,–
●●●● Preisgruppe über DM 30,– bis DM 50,– S 241,– bis S 400,–
●●●●● Preisgruppe über DM 50,–/S 401,–
*(unverbindliche Preisempfehlung)

ie Preise entsprechen dem Status beim Druck dieses Verzeichnisses (s. Seite 1) – Änderungen, im besonderen der Preise, vorbehalten –

Lach mit!
Witze für Kinder, gesammelt von Kindern. (0468) Hrsg. von W. Pröve, 96 S., 17 Zeichnungen, kart. ●

Die besten Kinderwitze
(0757) Von K. Rank, 112 S., 28 Zeichnungen, kart. ●

Lustige Sketche für Jungen und Mädchen
Kurze Theaterstücke für Jungen und Mädchen. (0669) Von U. Lietz und U. Lange, 104 S., kart. ●

Spielbare Witze für Kinder
(0824) Von H. Schmalenbach, 128 S., 30 Zeichnungen, kart. ●

Garten, Tiere, Umwelt

Garten heute
Der moderne Ratgeber · Über 1000 Farbbilder. (4283) Von H. Jantra, 384 S., über 1000 Farbabbildungen, Pappband. ●●●●

Das Gartenjahr
Arbeitsplan für den Hobbygärtner. (4075) Von G. Bambach, 152 S., 16 Farbtafeln, 141 Abb., kart. ●●

Gärtner Gustavs Gartenkalender
Arbeitspläne · Pflanzenporträts · Gartenlexikon. (4155) Von G. Schoser, 120 S., 146 Farbfotos, 13 Tabellen, 203 farbige Zeichnungen, Pappband. ●●●

Der richtige Schnitt von Obst- und Ziergehölzen, Rosen und Hecken
(0619) Von E. Zettl, 88 S., 8 Farbtafeln, 39 Zeichnungen, 21 s/w-Fotos, kart. ●

Blumenpracht im Garten
(5014) Von I. Manz, 64 S., 93 Farbfotos, Pappband. ●●

Blütenpracht in Haus und Garten
(4145) Von M. Haberer, u. a., 352 S., 1012 Farbfotos, Pappband. ●●●●

Sag's mit Blumen
Pflege und Arrangieren von Schnittblumen. (5103) Von P. Möhring, 64 S., 68 Farbfotos, 2 s/w-Abb., Pappband. ●●

Grabgestaltung
Bepflanzung und Pflege zu jeder Jahreszeit. (5120) Von N. Uhl, 64 S., 77 Farbfotos, 2 Zeichnungen, Pappband. ●●

Wintergärten
Das Erlebnis, mit der Natur zu wohnen. Planen, Bauen und Gestalten. (4256) Von LOG, ID, 136 S., 130 Farbfotos, 107 Zeichnungen, Pappband. ●●●●

Häuser in lebendigem Grün
Fassaden und Dächer mit Pflanzen gestalten. (0846) Von U. Mehl, K. Werk, 88 S., 116 Farbfotos, 4 Farb- und 17 s/w-Zeichnungen, kart. ●●

Rund ums Jahr erfolgreich gärtnern
Gewächshäuser
planen · bauen · einrichten · nutzen. (4408) Von Dr. G. Schoser, J. Wolff, 232 S., 315 Farbfotos, 5 s/w-Fotos, 53 Farbzeichnungen, Pappband. ●●●●●

Gartenteiche und Wasserspiele
planen, anlegen und pflegen. (4083) Von H. R. Sikora, 160 S., 31 Farb- und 31 s/w-Fotos, 73 Zeichnungen, Pappband. ●●●

Wasser im Garten
Von der Vogeltränke zum Naturteich – Natürliche Lebensräume selbst gestalten. (4230) Von H. Hendel, P. Keßeler, 240 S., 247 Farbfotos, 68 Farbzeichungen, Pappband ●●●●●

Mein kleiner Gartenteich
planen – anlegen – pflegen
(0851) Von I. Polaschek, 144 S., 85 Farbfotos, 10 Farbzeichnungen, kart. ●●

Leben im Naturgarten
Der Biogärtner und seine gesunde Umwelt. (4124) Von N. Jorek, 128 S., 68 s/w-Fotos, kart. ●●

So wird mein Garten zum Biogarten
Alles über die Umstellung auf naturgemäßen Anbau. (0706) Von I. Gabriel, 128 S., 73 Farbfotos, 54 Farbzeichnungen, kart. ●●

Gesunde Pflanzen im Biogarten
Biologische Maßnahmen bei Schädlingsbefall und Pflanzenkrankheiten. (0707) Von I. Gabriel, 128 S., 126 Farbfotos, 12 Farbzeichnungen, kart. ●●

Kosmische Einflüsse auf unsere Gartenpflanzen
Sterne beeinflussen Wachstum und Gesundheit der Pflanzen. (0708) Von I. Gabriel, 112 S., 57 Farbfotos, 43 Farbzeichnungen, kart. ●●

Der Biogarten unter Glas und Folie
Ganzjährig erfolgreich ernten. (0722) Von I. Gabriel, 128 S., 62 Farbfotos, 45 Farbzeichnungen, kart. ●●

Obst und Beeren im Biogarten
Gesunde und schmackhafte Früchte durch natürlichen Anbau. (0780)Von I. Gabriel, 128 S., 38 Farbfotos, 71 Farbzeichungen, kart. ●●

Kräuter und Heilpflanzen im Biogarten
Gesunde Ernte durch natürlichen Anbau. (0929) Von I. Gabriel, 112 S., 63 Farbfotos, 19 Farbzeichnungen, kart. ●●

Neuanlage eines Biogartens
Planung, Bodenvorbeitung, Gestaltung. (0721) Von I. Gabriel, 128 S., 73 Farbfotos, 39 Zeichnungen, kart. ●●

Der biologische Zier- und Wohngarten
Planen, Vorbereiten, Bepflanzen und Pflegen. (0748) Von I. Gabriel, 128 S., 72 Farbfotos, 46 Farbzeichnungen, kart. ●●

Gemüse im Biogarten
Gesunde Ernte durch naturgemäßen Anbau (0830) Von I. Gabriel, 128 S., 26 Farbfotos, 86 Farbzeichnungen, kart. ●●

Erfolgreich gärtnern
durch naturgemäßen Anbau
(4252) Von I. Gabriel, 416 S., 176 Farbfotos, 212 Farbzeichnungen, Pappband. ●●●

Das Bio-Gartenjahr
Arbeitsplan für naturgemäßes Gärtnern. (4169) Von N. Jorek, 128 S., 8 Farbtafeln, 70 s/w-Abb. kart. ●●

Selbstversorgung aus dem eigenen Anbau
Reichen Erntesegen verwerten und haltbar machen. (4182) Von M. Bustorf-Hirsch, M. Hirsch, 216 S., 270 Zeichnungen, Pappband. ●●●

Mischkultur im Nutzgarten
Mit Jahreskalender und Anbauplänen. (0651) Von H. Oppel, 112 S., 8 Farbtafeln, 23 s/w- Fotos, 29 Zeichnungen, kart. ●

Erfolgreich gärtnern mit
Frühbeet und Folie
(0828) Von Dr. Gustav Schoser, 88 S., 8 Fa tafeln, 46 s/w-Fotos, kart. ●

Erfolgstips für den Gemüsegarten
Mit naturgemäßem Anbau zu höherem Ertrag. (0674) Von F. Mühl, 80 S., 30 s/w-Fotos, 4 Zeichnungen, kart. ●

Erfolgstips für den Obstgarten
Gesunde Früchte durch richtige Sortenwah und Pflege. (0827) Von F. Mühl, 184 S., 16 Farbtafeln, 33 Zeichnungen, kart. ●●

Erfolgstips für den Zierkarten
Schmuckpflanzen und Rasen richtig pflege (0930) Von F. Mühl, 156 S., 12 Farbtafeln, 26 s/w–Zeichnungen, kart. ●●

Gemüse, Kräuter, Obst aus dem Balkongarten – Erfolgreich ernten auf kleinstem Raum. (0694) Von S. Stein, 32 S. 34 Farbfotos, 6 Zeichnungen, Spiralbindun kart. ●

Keime, Sprossen, Küchenkräuter
am Fenster ziehen – rund ums Jahr. (0658) Von F. und H. Jantzen, 32 S., 55 Farbfotos, Pappband. ●

Balkons in Blütenpracht
zu allen Jahreszeiten.
(5047) Von N. Uhl, 64 S., 80 Farbfotos, Pap band. ●●

Kletterpflanzen
Rankende Begrünung für Fassade, Balkon und Garten. (5140) Von M. Haberer, 64 S., 7 Farbabb., 2 Zeichnungen, Pappband. ●●

Mein Kräutergarten rund ums Jahr
Täglich schnittfrisch und gesund würzen. (4192) Von Prof. Dr. G. Lysek, 136 S., 15 Far tafeln, 91 Zeichnungen, kart. ●●

Blühende Zimmerpflanzen
94 Arten mit Pflegeanleitungen. (5010) Vor R. Blaich, 64 S., 107 Farbfotos, Pappband. ●●

Prof. Stelzers grüne Sprechstunde
Gesunde Zimmerpflanzen
Krankheiten erkennen und behandeln · Mit neuem Diagnosesystem. (4274) Von Prof. D G. Stelzer, 192 S., 410 Farbfotos, 10 s/w-Zeichnungen, Pappband. ●●●●

365 Erfolgstips für schöne Zimmerpflanzen
(0893) Von H. Jantra, 144 S., 215 Farbfotos, kart. ●●

Videokassette
Pflanzenjournal
Blumen- und Pflanzenpflege im Jahreslauf. (6036) VHS, ca. 30 Min., in Farbe, ●●●●*

Blütenpracht in Grolit 2000
Der neue, mühelose Weg zu farbenprächtigen Zimmerpflanzen. (5127) Von G. Vocke, 64 S., 50 Farbfotos, Pappband. ●●

Ziergräser
Über 100 Arten erfolgreich kultivieren. (0829) Von H. Jantra, 104 S., 73 Farbfotos, 6 Farbzeichnungen, kart. ●●

Bonsai
Japanische Miniaturbäume und Miniaturlandschaften. Anzucht, Gestaltung und Pflege. (4091) Von B. Lesniewicz, 160 S., 106 Farbfotos, 46 s/w-Fotos, 115 Zeichnungen, gebunden. ●●●●●

Zimmerbäume, Palmen und andere Blattpflanzen
Standort, Pflege, Vermehrung, Schädlinge. (5111) Von G. Schoser, 96 S., 98 Farbfotos, 7 Zeichnungen, Pappband. ●●

Die hier vorgestellten Bücher, Videokassetten und Software sind in folgende Preisgruppen unterteilt:

● Preisgruppe bis DM 10,–/S 79,–
●● Preisgruppe über DM 10,– bis DM 20,– S 80,– bis S 160,–
●●● Preisgruppe über DM 20,– bis DM 30,– S 161,– bis S 240,–
●●●● Preisgruppe über DM 30,– bis DM 50, S 241,– bis S 400,–
●●●●● Preisgruppe über DM 50,–/S 401,–
*(unverbindliche Preisempfehlung)

Die Preise entsprechen dem Status beim Druck dieses Verzeichnisses (s. Seite 1) – Änderungen, im besonderen der Preise, vorbehalten –

ologisch zimmergärtnern
er- und Nutzpflanzen natürlich pflegen.
144) Von N. Jorek, 152 S., 15 Farbtafeln,
0 s/w-Fotos, Pappband. ●●

mmerpflanzen in Hydrokultur
itfaden für problemlose Blumenpflege.
660) Von H.-A. Rotter, 32 S., 76 Farbfotos,
farbige Zeichnungen, Pappband, ●

akteen und andere Sukkulenten
)0 Arten mit über 500 Farbfotos. (4116)
on G. Andersohn, 316 S., 520 Farbfotos,
3 Zeichnungen, Pappband. ●●●●

bel für Kakteenfreunde
199) Von H. Herold, 102 S., 23 Farbfotos,
s/w-Abb., kart. ●

akteen
erkunft, Anzucht, Pflege, Arten. (5021) Von
. Hoffmann, 64 S., 70 Farbfotos, Pappband.
●

szinierende Formen und Farben
akteen
211) Von K. und F. Schild, 96 S., 127 Farb-
tos, Pappband. ●●●

alken-Handbuch **Orchideen**
ebensraum, Kultur, Anzucht und Pflege.
231) Von G. Schoser, 144 S., 121 Farbfotos,
3 Farbzeichnungen, Pappband. ●●●

ogelhäuschen, Nistkästen, Vogeltränken
it Plänen und Anleitungen zum Selbstbau.
695) Von J. Zech 32 S., 42 Farbfotos,
Zeichnungen, Pappband. ●

alken-Handbuch
mweltschutz
as Öko-Testbuch zur Eigeninitiative. (4160)
on M. Häfner, 352 S., 411 Farbf., 152 Farb-
eichnungen, Pappband. ●●●●

ilze
kennen und benennen. (0380) Von J. Rai-
elhuber, 136 S., 110 Farbfotos, kart. ●●

alken-Handbuch **Pilze**
it über 250 Farbfotos und Rezepten. (4061)
on M. Knoop, 276 S., 250 Farbfotos,
appband. ●●●●

peisepilze aus eingener Zucht
nbau · Pflege · Zubereitung
)909) Von U. Groos, 72 S., 8 Farbtafeln,
6 s/w-Zeichnungen, kart. ●

rizimek Juniors **BUNTE TIERWELT**
4295) Von Chr. Grizimek, 208 S., 308 Farb-
otos, Pappband. ●●●

alken-Handbuch **Katzen**
4158) Von B. Gerber, 176 S., 294 Farb- und
8 s/w-Fotos, Pappband. ●●●●

atzen
assen · Haltung · Pflege. (4216) Von
. Eilert-Overbeck, 96 S., 82 Farbfotos, Papp-
and. ●●●

as neue Katzenbuch
assen – Aufzucht – Pflege. (0427) Von
. Eilert-Overbeck, 136 S., 14 Farbfotos,
6 s/w-Fotos, kart. ●

atzenkrankheiten
rkennung und Behandlung. Steuerung des
exualverhaltens. (0652) Von Dr. med. vet.
. Spangenberg, 176 S., 64 s/w-Fotos,
Zeichnungen, kart. ●

alken-Handbuch **Hunde**
4118) Von H. Bielfeld, 176 S., 222 Farb-
nd 73 s/w-Abb., Pappband. ●●●●

unde
assen · Erziehung · Haltung. (4209) Von
. Bielfeld, 96 S., 101 Farbfotos, Pappband.
●●

Das neue Hundebuch
Rassen · Aufzucht · Pflege. (0009) Von W. Busack, überarbeitet von Dr. med. vet. A. H. Hacker und H. Bielfeld, 112 S., 8 Farbtafeln, 27 s/w-Fotos, 6 Zeichnungen, kart. ●

Falken-Handbuch
Der Deutsche Schäferhund
(4077) Von U. Förster, 228 S., 160 Abb., Pappband. ●●●

Der Deutsche Schäferhund
Aufzucht, Pflege und Ausbildung. (0073) Von A. Hacker, 104 S., 56 Abb., kart. ●

Dackel, Teckel, Dachshund
Aufzucht · Pflege · Ausbildung. (0508) Von M. Wein-Gysae, 112 S., 4 Farbtafeln, 43 s/w-Fotos, 2 Zeichnungen, kart. ●

Hundeausbildung
Verhalten – Gehorsam – Abrichtung. (0346) Von Prof. Dr. R. Menzel, 96 S., 18 Fotos, kart. ●

Grundausbildung für Gebrauchshunde
Schäferhund, Boxer, Rottweiler, Dobermann, Riesenschnauzer, Airedaleterrier, Hovawart und Bouvier. (0801) Von M. Schmidt und W. Koch, 104 S., 8 Farbtafeln, 51 s/w-Fotos, 5 s/w-Zeichnungen, kart. ●

Hundekrankheiten
Erkennung und Behandlung, Steuerung des Sexualverhaltens. (0570) Von Dr. med. vet. R. Spangenberg, 128 S., 68 s/w-Fotos, 10 Zeichnungen, kart. ●

Falken-Handbuch **Pferde**
(4186) Von H. Werner, 176 S., 196 Farb-und 50 s/w-Fotos, 100 Zeichnungen, Pappband. ●●●●

Wellensittiche
Arten · Haltung · Pflege · Sprechunterricht · Zucht. (5136) Von H. Bielfeld, 64 S., 59 Farbfotos, Pappband. ●●

Papageien und Sittiche
Arten · Pflege · Sprechunterricht. (0591) Von H. Bielfeld, 112 S., 8 Farbtafeln, kart. ●

Geflügelhaltung als Hobby
(0749) Von M. Baumeister, H. Meyer, 184 S., 8 Farbtafeln, 47 s/w-Fotos, 15 Zeichnungen, kart. ●●

Das Süßwasser-Aquarium
Einrichtung · Pflege · Fische · Pflanzen. (0153) Von H. J. Mayland, 152 S., 16 Farbtafeln, 43 s/w-Zeichnungen, kart. ●●

Falken-Handbuch
Süßwasser-Aquarium
(4191) Von H. J. Mayland, 288 S., 564 Farbfotos, 75 Zeichnungen, Pappband. ●●●●

DIE TIERSPRECHSTUNDE
Tiere im Wassergarten
(0808) Von Dr. med. vet. E. M. Bartenschlager, 96 S., 84 Farbfotos, 7 Zeichnungen, kart. ●

DIE TIERSPRECHSTUNDE
Sittiche und kleine Papageien
(0864) Von Dr. med. vet. E. M. Bartenschlager, 88 S., 84 Farbfotos, 9 Zeichnungen, kart. ●

DIE TIERSPRECHSTUNDE
Junge Katzen
(0862) Von Dr. med. vet. E. M. Bartenschlager, 72 S., 40 Farbfotos, 4 Farbzeichnungen, kart. ●

DIE TIERSPRECHSTUNDE
Alles über Igel in Natur und Garten
(0810) Von Dr. med. vet. E. M. Bartenschlager, 68 S., 51 Farbfotos, kart. ●

DIE TIERSPRECHSTUNDE
Alles über Meerschweinchen
(0809) Von Dr. med. vet. E. M. Bartenschlager, 72 S., 43 Farbfotos, 11 Farbzeichnungen, kart. ●

DIE TIERSPRECHSTUNDE
Alles über junge Hunde
(0863) Von Dr. med vet. E. M. Bartenschlager, 64 S., 49 Farbfotos, 6 Zeichnungen, kart. ●

DIE TIERSPRECHSTUNDE
Richtige Hundeernährung
(0811) Von Dr. med. vet. E. M. Bartenschlager, 80 S., 51 Farbfotos, 4 Farbzeichungen, kart. ●

Dinosaurier
und andere Tiere der Urzeit. (4219) Von G. Alschner, 96 S., 81 Farbzeichnungen, 4 Fotos, Pappband. ●●●

Mensch und Gesundheit

Die Frau als Hausärztin
Der unentbehrliche Ratgeber für die Gesundheit. (4072) Von Dr. med. A. Fischer-Dückelmann, 808 S., 14 Farbtafeln, 146 s/w-Fotos, 203 Zeichnungen, Pappband. ●●●

Dr. Reitners großes Gesundheitslexikon
Mit über 5000 Stichwörtern. (4282) Von Dr. med. H.-J. Lewitzka-Reitner, in Zusammenarbeit mit P. Janknecht und U. Kannapinn, 504 S., 424 s/w-Abbildungen, Pappband. ●●

Sexualberatung
(0402) Von Dr. M. Röhl, 168 S., 8 Farbtafeln, 17 Zeichnungen, Pappband. ●●

Die Kunst des Stillens
nach neuesten Erkenntnissen (0701) Von Prof. Dr. med. E. Schmidt, S. Brunn, 112 S., 20 Fotos und Zeichnungen, kart. ●

Wenn Sie ein Kind bekommen
(4003) Von U. Klamroth, Dr. med. H. Oster, 240 S., 86 s/w-Fotos, 30 Zeichnungen, kart. ●●●

Der moderne Ratgeber
Wir werden Eltern
Schwangerschaft · Geburt · Erziehung des Kleinkindes. (4269) Von B. Nees-Delaval, 376 S., 335 zweifarbige Abbildungen, Pappband. ●●●●

Vorbereitung auf die Geburt
Schwangerschaftsgymnastik, Atmung, Rückbildungsgymnastik. (0251) Von S. Buchholz, 112 S., 98 s/w-Fotos, kart. ●

Wie soll es heißen?
(0211) Von D. Köhr, 136 S., kart. ●

Das Babybuch
Pflege · Ernährung · Entwicklung. (0531) Von A. Burkert, 128 S., 16 Farbtafeln, 38 s/w-Fotos, 30 Zeichnungen, kart. ●●

Wenn der Mensch zum Vater wird
Ein heiter-besinnlicher Ratgeber. (4259) Von D. Zimmer, 160 S., 20 Zeichnungen, Pappband. ●●

Wenn Kinder krank werden
Medizinischer Ratgeber für Eltern. (4240) Von Dr. med. I. J. Chasnoff, B. Nees-Delaval, 232 S., 163 Zeichnungen, Pappband. ●●●

Die hier vorgestellten Bücher, Videokassetten und Software sind in folgende Preisgruppen unterteilt:

● Preisgruppe bis DM 10,–/S 79,–
●● Preisgruppe über DM 10,– bis DM 20,– S 80,– bis S 160,–
●●● Preisgruppe über DM 20,– bis DM 30,– S 161,– bis S 240,–
●●●● Preisgruppe über DM 30,– bis DM 50,– S 241,– bis S 400,–
●●●●● Preisgruppe über DM 50,–/S 401,–
*(unverbindliche Preisempfehlung)

Die Preise entsprechen dem Status beim Druck dieses Verzeichnisses (s. Seite 1) – Änderungen, im besonderen der Preise, vorbehalten –

FALKEN

Psycho-Tests
– Erkennen Sich sich selbst. (0710) Von B. M. Nash, R. B. Monchick, 304 S., 81 Zeichnungen, kart. ●●

FALKEN-SOFTWARE
Ego-Tests
Sich und andere besser erkennen und verstehen. (7012) Diskette für IBM PC kompatible (MS DOS) mit Begleitheft. ●●●●●*

Frauenträume – Männerträume
und ihre Bedeutung. (4198) Von G. Senger, 272 S., mit Traumlexikon, Pappband. ●●●

Wie Sie im Schlaf das Leben meistern
Schöpferisch träumen
Der Klartraum als Lebenshilfe. (4258) Von Prof. D. P. Tholey, K. Utecht. 256 S., 1 s/w-Foto, 20 Zeichnungen, Pappband. ●●●

So deutet man Träume
Die Bildersprache des Unbewußten. (0444) Von G. Haddenbach, 160 S., Pappband. ●

Bildatlas des menschlichen Körpers
(4177) Von G. Pogliani, V. Vannini, 112 S., 402 Farbabb. 28 s/w-Fotos, Pappband. ●●●

Ratgeber Aids
Entstehung, Ansteckung, Krankheitsbilder, Heilungschancen, Schutzmaßnahmen. (0803) Von B. Baartman, Vorwort von Dr. med. H. Jäger, 112 S., 8 Farbtafeln, 4 Grafiken, kart. ●●

Enzyme
Vitalstoffe für die Gesundheit. (0677) Von G. Leibold, 96 S., kart. ●

Heilfasten
(0713) Von G. Leibold, 108 S., kart. ●

Besser leben durch Fasten
(0841) Von G. Leibold, 100 S., kart. ●

Fastenkuren
Wege zur gesunden Lebensführung. Rezepte und Tips für die Nachfastenzeit. Kurzfasten · Saftfastenkuren · Fastenschalttage · Heilfasten. (4248) Von Ha. A. Mehler, H. Keppler, 144 S., 16 s/w-Fotos, 9 Zeichnungen, Pappband. ●●●

Aus dem Schatz der Naturmedizin
Heilkräuterkuren
(4268) Von Dr. med. E. Rauch, Dr. rer. nat. P. Kruletz, 144 S., 49 Zeichnungen, kart. ●●

Rheuma behandeln und lindern
Mit einem Vorwort von Dr. med. Max-Otto-Bruker. (0836) Von G. Leibold, 100 S., kart. ●

Die echte Schroth-Kur
(0797) Von Dr. med. R. Schroth, 88 S., 2 s/w-Fotos, kart. ●

Streß bewältigen durch Entspannung
(0834) Von Dr. med. Chr. Schenk, 88 S., 29 Zeichnungen, kart. ●

Gesundheit und Spannkraft durch Yoga
(0321) Von L. Frank und U. Ebbers, 112 S., 50 s/w-Fotos, kart. ●

Yoga für jeden
(0341) Von K. Zebroff, 156 S., 135 Abb., Spiralbindung. ●●●

Yoga für Schwangere
Der Weg zur sanften Geburt. (0777) Von V. Bolesta-Hahn, 108 S., 76 zweifarbige Abb. kart. ●●

Yoga gegen Haltungsschäden und Rückenschmerzen
(0394) Von A. Raab, 104 S., 215 Abb., kart. ●

Bauch, Taille und Hüfte gezielt formen durch
Aktiv-Yoga
(0709) Von K. Zebroff, 112 S., 102 Farbfotos, kart. ●●

Hypnose und Autosuggestion
Methoden – Heilwirkungen – praktische Beispiele. (0483) Von G. Leibold, 120 S., 9 Illustrationen, kart. ●

Kneippkuren zu Hause
(0779) Von G. Leibold, 112 S., 25 Zeichnungen, kart. ●

Krebsangst und Krebs behandeln
Mit einem Vorwort von Prof. Dr. med. Friedrich Douwes. (0839) Von G. Leibold, 104 S., kart. ●

Allergien behandeln und lindern
Mit einem Vorwort von Prof. Dr. med. Axel Stemmann. (0840) Von G. Leibold, 104 S., 4 Zeichnungen, kart. ●

Besser sehen durch Augentraining
Ein Gesundheitsprogramm zur Verbesserung des Sehvermögens. (0914) Von K. Schutt, B. Rumpler, 96 S., 32 s/w-Zeichnungen, kart. ●

Darmleiden
Krankheitsbilder, Behandlung, Selbstbehandlung, Richtige Lebensführung und Ernährung. (0798) Von Dr. med. K. Steffens, 112 S., 46 Zeichnungen, kart. ●

Massage
(0750) Von B. Rumpler, K. Schutt, 112 S., 116 zweifarbige Zeichnungen, kart. ●●

Fußmassage
Reflexzonentherapie am Fuß (0714) Von G. Leibold, 96 S., 38 Zeichnungen, kart. ●

Rheuma und Gicht
Krankheitsbilder, Behandlung, Therapieverfahren, Selbstbehandlung, Richtige Lebensführung und Ernährung. (0712) Von Dr. J. Höder, J. Bandick, 104 S., kart. ●

Diabetes
Krankheitsbild, Therapie, Kontrollen, Schwangerschaft, Sport, Urlaub, Alltagsprobleme, Neueste Erkenntnisse der Diabetesforschung. (0895) Von Dr. med. H. J. Krönke, 120 S., 4 Farbtafeln, 14 s/w-Fotos, 13 s/w-Zeichnungen, kart. ●

Krampfadern
Ursachen, Vorbeugung, Selbstbehandlung, Therapieverfahren. (0727) Von Dr. med. K. Steffens, 96 S., 38 Abb., kart. ●

Gallenleiden
Krankheitsbilder, Behandlung, Therapieverfahren, Selbstbehandlung, Richtige Lebensführung und Ernährung. (0673) Von Dr. med. K. Steffens, 104 S., 34 Zeichnungen, kart. ●

Asthma
Pseudokrupp, Bronchitis und Lungenemphysem. (0778) Von Prof. Dr. med. W. Schmidt, 120 S., 56 Zeichnungen, kart. ●

Autogenes Training
Anwendung · Heilwirkungen · Methoden. (0541) Von R. Faller, 128 S., 3 Zeichnungen, kart. ●

Die fernöstliche Fingerdrucktherapie Shiatsu
Anleitungen zur Selbsthilfe – Heilwirkungen. (0615) Von G. Leibold, 196 S., 180 Abb., kart. ●●

Eigenbehandlung durch Akupressur
Heilwirkungen – Energielehre – Meridiane. (0417) Von G. Leibold, 152 S., 78 Abb., kart. ●

Chinesische Naturheilverfahren
Selbstbehandlung mit bewährten Methoden der physikalischen Therapie. Atemtherapie · Heilgymnastik · Selbstmassage · Vorbeugen · Behandeln · Entspannen. (4247) Von F. T. Lie, 160 S., 292 zweifarbige Zeichnungen, Pappband. ●●●

Massagetechniken und Heilanzeigen
Reflexzonentherapie
(4404) Von G. Leibold, 128 S., 53 Farbzeich-nungen, Pappband. ●●●

Chinesisches Schattenboxen
Tai-Ji-Quan
für geistige und körperliche Harmonie. (0850) Von F. T. Lie, 120 S., 221 s/w-Fotos, 9 s/w-Zeichnungen, Beilage: 1 s/w-Poster m zahlreichen Abbildungen, kart. ●●

Gesundheit durch altbewährte Kräuterrezepte und Hausmittel aus der
Natur-Apotheke
(4156) Von G. Leibold, 236 S., 8 Farbtafeln, 100 Zeichnungen, kart., ●●

Heiltees und Kräuter für die Gesundheit
(4123) Von G. Leibold, 136 S., 15 Farbtafeln 16 Zeichnungen, kart. ●●

Falken-Handbuch **Heilkräuter**
Modernes Lexikon der Pflanzen und Anwendungen (4076) Von G. Leibold, 392 S., 183 Farbfotos, 22 Zeichnungen, geb. ●●●

Kochen für Diabetiker
Gesund und schmackhaft für die ganze Familie. (4132) Von M. Toeller, W. Schumacher, A. C. Groote, 224 S., 109 Farbfotos 94 Zeichnungen, Pappband. ●●●

Neue Rezepte für Diabetiker-Diät
Vollwertig – abwechslungsreich - kalorienarm. (0418) Von M. Oehlrich, 120 S., 8 Farbtafeln, kart. ●

Diät bei Krankheiten des Magens und Zwölffingerdarms
Rezeptteil von B. Zöllner. (3201) Von Prof. Dr. med. H. Kaess, 96 S., 35 Farbfotos, 1 s/w-Zeichnung, kart. ●●

Diät bei Herzkrankheiten und Bluthochdruck
Salzarme (natriumarme) Kost, Rezeptteil von B. Zöllner. (3202) Von Prof. Dr. med. H. Rottka, 92 S., 4 Farbtafeln, kart. ●●

Diät bei Erkrankungen der Nieren, Harnwege und bei Dialysebehandlung
Rezeptteil von B. Zöllner. (3203) Von Prof. Dr. med. Dr. h. c. H. J. Sarre und Prof. Dr. med. R. Kluthe, 96 S., 33 Farbfotos, 1 s/w-Zeichnung, kart. ●●

Richtige Ernährung wenn man älter wir
Rezeptteil von B. Zöllner. (3204) Von Prof. Dr. med. H.-J. Pusch. 96 S., 36 Farbfotos und 3 s/w-Zeichnungen, kart. ●●

Diät bei Gicht und Harnsäuresteinen
Rezeptteil von B. Zöllner. (3205) Von Prof. Dr. med. N. Zöllner, 80 S., 4 Farbtafeln, kart. ●●

Diät bei Zuckerkrankheit
Rezeptteil von B. Zöllner. (3206) Von Prof. Dr. med. P. Dieterle, 112 S., 42 Farbfotos, 4 vierfarbige Vignetten, 1 s/w-Zeichnung, kart. ●●

Diät bei Krankheiten der Gallenblase, Leber und Bauchspeicheldrüse
Rezeptteil von B. Zöllner. (3207) Von Prof. Dr. med. H. Kasper, 88 S., 4 Farbtafeln, kart. ●●

Diät bei Störungen des Fettstoffwechsels und zur Vorbeugung der Arteriosklerose
Rezeptteil von B. Zöllner. (3208) Von Prof. Dr. med. G. Wolfram und Dr. med. O. Adam, 104 S., 4 Farbtafeln, kart. ●●

Diät bei Übergewicht
Rezeptteil von B. Zöllner. (3209) Von Prof. Dr. med. Ch. Keller, 104 S., 42 Farbfotos, 3 s/w-Zeichnungen, kart. ●●

Die hier vorgestellten Bücher, Videokassetten und Software sind in folgende Preisgruppen unterteilt:

● Preisgruppe bis DM 10,–/S 79,–
●● Preisgruppe über DM 10,– bis DM 20,– S 80,– bis S 160,–
●●● Preisgruppe über DM 20,– bis DM 30,– S 161,– bis S 240,–
●●●● Preisgruppe über DM 30,– bis DM 50,– S 241,– bis S 400,–
●●●●● Preisgruppe über DM 50,–/S 401,–
*(unverbindliche Preisempfehlung)

Die Preise entsprechen dem Status beim Druck dieses Verzeichnisses (s. Seite 1) – Änderungen, im besonderen der Preise, vorbehalten –

FALKEN
Falken-Verlag GmbH · Postfach 1120 D-6272 Niedernhausen/Ts. · Tel.: 06127/7020

ät bei Darmkrankheiten
ırchfall – Divertikulose, Reizdarm und ırmträgheit – einheimische Sprue (Zölia-ɛ) – Disaccharidasemangel – Dünndarmre-ktion – Dumping Syndrom. Rezeptteil von Zöllner. (3211) Von Prof. Dr. med. G. Stroh-eyer, 88 S., 4 Farbtafeln, kart. ●●

allaststoffreiche Kost bei Funktionsstö-ıngen des Darms
ɛzeptteil von B. Zöllner. (3212) Von Prof. Dr. ed. H. Kasper, 96 S., 34 Farbfotos, 1 s/w-to, kart. ●●

Rat und Wissen

er gute Ton
n moderner Knigge. (0063) Von I. Wolter, 58 S., 38 Zeichnungen, 53 s/w-Fotos, kart.

aushaltstips von A bis Z
759) Von A. Eder, 80 S., 30 Zeichnungen, ırt. ●

amilienforschung · Ahnentafel · Vappenkunde
Vege zur eigenen Familienchronik. 744) Von P. Bahn, 128 S., 8 Farbtafeln, 0 Abbildungen, kart. ●●

ie Kunst der freien Rede
n Intensivkurs mit vielen Übungen, eispielen und Lösungen. (4189) Von . Hirsch, 232 S., 11 Zeichnungen, appband. ●●●

eden zur Taufe, Kommunion nd Konfirmation
)751) Von G. Georg, 96 S., kart. ●

er richtige Brief zu jedem Anlaß
as moderne Handbuch mit 400 Muster-riefen. (4179) Von H. Kirst, 376 S., appband. ●●●

Vir heiraten
atgeber zur Vorbereitung und Festgestal-ıng der Verlobung und Hochzeit. (4188) Von . Poensgen, 216 S., 8 s/w-Fotos, 30 s/w-eichnungen, 8 Farbtafeln, Pappband. ●●●

Vir feiern Hochzeit
estgestaltung – phantasievoll und modern. 0943) Von H. J. Winkler, 120 S., kart. ●

'on der Verlobung zur Goldenen Hoch-eit
0393) Von E. Ruge, 120 S., kart. ●

Reden zur Hochzeit
Austeransprachen für Hochzeitstage. 0654) Von G. Georg, 112 S., kart. ●

Glückwünsche, Toasts und Festreden zur Hochzeit.
0264) Von I. Wolter, 128 S., 18 Zeichnungen, kart. ●

Hochzeits- und Bierzeitungen
Muster, Tips und Anregungen. (0288) Von H.-J. Winkler, mit vielen Text- und Gestal-ungsanregungen, 116 S., 15 Abb., 1 Muster-ɛeitung, kart. ●

Kindergedichte zur Grünen, Silbernen ınd Goldenen Hochzeit
0318) Von H.-J. Winkler, 104 S., 20 Abb., kart. ●

Kindergedichte für Familienfeste
0860) Von B. H. Bull, 96 S., 20 Zeichnun-gen, kart. ●

Die Silberhochzeit
Vorbereitung · Einladung · Geschenkvor-schläge · Dekoration · Festablauf · Menüs · Reden · Glückwünsche. (0542) Von K. F. Merkle, 120 S., 41 Zeichnungen, kart. ●

Großes Buch der Glückwünsche
(0255) Hrsg. von O. Fuhrmann, 176 S., 77 Zeichnungen und viele Gestaltungsvor-schläge, kart. ●

Herzliche Glückwünsche!
Die schönsten Gedichte und Texte für viele Gelegenheiten. (0942) Hrsg. von B. H. Bull, 256 S., 50 Zeichnungen, Pappband. ●●

Neue Glückwunschfibel
für Groß und Klein. (0156) Von R. Christian-Hildebrandt, 96 S., kart. ●

Glückwunschverse für Kinder
(0277) Von B. Ulrici, 80 S., kart. ●

Die Redekunst
Rhetorik · Rednererfolg (0076) Von K. Wolter, überarbeitet von Dr. W. Tappe, 80 S., kart. ●

Reden und Ansprachen
für jeden Anlaß. (4009) Hrsg. von F. Sicker, 454 S., gebunden. ●●●●

Reden zum Jubiläum
Musteransprachen für viele Gelegenheiten (0595) Von G. Georg, 112 S., kart. ●

Reden zum Ruhestand
Musteransprachen zum Abschluß des Berufs-lebens (0790) Von G. Georg, 104 S., kart. ●

Reden und Sprüche zu Grundstein-legung, Richtfest und Einzug
(0598) Von A. Bruder, G. Georg, 96 S., kart. ●

Reden zu Familienfesten
Musteransprachen für viele Gelegenheiten. (0675) Von G. Georg, 112 S., kart. ●

Reden zum Geburtstag
Musteransprachen für familiäre und offizielle Anlässe. (0773) Von G. Georg, 104 S., kart. ●

Festreden und Vereinsreden
Ansprachen für festliche Gelegenheiten. (0069) Von K. Lehnhoff, E. Ruge, 88 S., kart. ●

Reden im Verein
Musteransprachen für viele Gelegenheiten. (0703) Von G. Georg, 112 S., kart., ●

Programm und Publikum
Der ständige Versuch einer Annäherung. Beiträge und Reden über das öffentlich-rechtliche Fernsehen. (0874) Von A. Schardt, 167 S., kart. ●●

Trinksprüche
Fest- und Damenreden in Reimen. (0791) Von L. Metzner, 88 S., 14 s/w-Zeichnungen, kart. ●

Trinksprüche, Richtsprüche, Gästebuchverse
(0224) Von D. Kellermann, 80 S., kart. ●

Ins Gästebuch geschrieben
(0576) Von K. H. Trabeck, 96 S., 24 Zeich-nungen, kart. ●

Poesiealbumverse
Heiteres und Besinnliches. (0578) Von A. Göttling, 112 S., 20 Zeichnungen, Pappband. ●●

Verse fürs Poesiealbum
(0241) Von I. Wolter, 96 S., 20 Abb., kart. ●

Rosen, Tulpen, Nelken . . .
Beliebte Verse fürs Poesiealbum
(0431) Von W. Pröve, 96 S., 11 Faksimile-Abb., kart. ●

Der Verseschmied
Kleiner Leitfaden für Hobbydichter. Mit Reimlexikon. (0597) Von T. Parisius, 96 S., 28 Zeichnungen, kart. ●

Moderne Korrespondenz
Handbuch für erfolgreiche Briefe. (4014) Von H. Kirst und W. Manekeller, 544 S., Pappband. ●●●●

Der neue Briefsteller
Musterbriefe für alle Gelegenheiten. (0060) Von I. Wolter-Rosendorf, 112 S., kart. ●

Geschäftliche Briefe
des Privatmanns, Handwerkers, Kaufmanns. (0041) Von A. Römer, 120 S., kart. ●

Behördenkorrespondenz
Musterbriefe – Anträge – Einsprüche. (0412) Von E. Ruge, 120 S., kart. ●

Musterbriefe
für alle Gelegenheiten. (0231) Hrsg. von O. Fuhrmann, 240 S., kart. ●

Privatbriefe
Muster für alle Gelegenheiten. (0114) Von I. Wolter-Rosendorf, 132 S., kart. ●

Briefe zu Geburt und Taufe
Glückwünsche und Danksagungen. (0802) Von H. Beitz, 96 S., 12 Zeichnungen, kart. ●

Briefe zum Geburtstag
Glückwünsche und Danksagungen (0822) Von H. Beitz, 104 S., 22 Zeichnungen, kart. ●

Briefe zur Hochzeit
Glückwünsche und Danksagungen (0852) Von R. Röngen, 96 S., 1 Zeichnung, 39 Vignetten, kart. ●

Briefe der Liebe
Anregungen für gefühlvolle und zärtliche Worte. (0903) Hrsg. von H. Beitz, 96 S., 4 Zeichnungen, kart. ●

Erfolgstips für den Schriftverkehr
Briefwechsel leicht gemacht durch einfachen Stil und klaren Ausdruck (0678) Von U. Schoenwald, 120 S., kart. ●

Worte und Briefe der Anteilnahme
(0464) Von E. Ruge, 128 S., mit vielen Abb., kart. ●

Reden in Trauerfällen
Musteransprachen für Beerdigungen und Trauerfeiern (0736) Von G. Georg, 104 S., kart. ●

In Anerkennung Ihrer...
Lob und Würdigung in Briefen und Reden
(0535) Von H. Friedrich, 136 S., kart. ●

Das große farbige Kinderlexikon
(4195) Von U. Kopp, 320 S., 493 Farbabb., 17 s/w-Fotos, Pappband. ●●●

ZDF · ORF · DRS
Kompaß Jugend-Lexikon
(4096) Von R. Kerler, J. Blum, 336 S., 766 Farbfotos, 39 s/w-Abb., Pappband. ●●●●

Elternsache Grundschule
(0692) Hrsg. von K. Meynersen, 324 S., kart. ●●●

Vom Urkrümel zum Atompilz
Evolution – Ursache und Ausweg aus der Krise. (4181) Von J. Voigt, 188 S., 20 Farb- und 70 s/w-Fotos, 32 Zeichnungen, kart. ●●

Neues Denken – alte Geister
New Age unter der Lupe. (4278) Von G. Myrell, Dr. W. Schmandt, J. Voigt, 176 S., 54 Farbfotos, 3 Zeichnungen, kart. ●●

Die hier vorgestellten Bücher, Videokassetten und Software sind in folgende Preisgruppen unterteilt:

● Preisgruppe bis DM 10,–/S 79,–
●● Preisgruppe über DM 10,– bis DM 20,– S 80,– bis S 160,–
●●● Preisgruppe über DM 20,– bis DM 30,– S 161,– bis S 240,–
●●●● Preisgruppe über DM 30,– bis DM 50,– S 241,– bis S 400,–
●●●●● Preisgruppe über DM 50,–/S 401,–
*(unverbindliche Preisempfehlung)

Die Preise entsprechen dem Status beim Druck dieses Verzeichnisses (s. Seite 1) – Änderungen, im besonderen der Preise, vorbehalten –

Schülerlexikon der Mathematik
Formeln, Übungen und Begriffserklärungen für die Klassen 5–10. (0430) Von R. Müller, 176 S., 96 Zeichnungen, kart. ●

Mathematik verständlich
Zahlenbereiche Mengenlehre, Algebra, Geometrie, Wahrscheinlichkeitsrechnung, Kaufmännisches Rechnen. (4135) Von R. Müller, 652 S., 10 s/w- und 109 Farbfotos, 802 farbige und 79 s/w-Zeichnungen, über 2500 Beispiele und Übungen mit Lösungen, Pappband. ●●●●●

Mathematische Formeln für Schule und Beruf
Mit Beispielen und Erklärungen. (0499) Von R. Müller, 156 S., 210 Zeichnungen, kart. ●

Rechnen aufgefrischt
für Schule und Beruf. (0100) Von H. Rausch, 144 S., kart. ●

Physik verständlich
Förderkurs für die Klassen 7 bis 10 (0926) Von Dr. Th. Neubert, 136 S., 146 s/w-Zeichnungen, 166 Aufgaben, kart. ●●

Mehr Erfolg in Schule und Beruf
Besseres Deutsch
Mit Übungen und Beispielen für Rechtschreibung, Diktate, Zeichensetzung, Aufsätze, Grammatik, Literaturbetrachtung, Stil, Briefe, Fremdwörter, Reden. (4115) Von K. Schreiner, 444 S., 7 s/w-Fotos, 27 Zeichnungen, Pappband. ●●●

Richtiges Deutsch
Rechtschreibung · Zeichensetzung · Grammatik · Stilkunde. (0551) Von K. Schreiner, 128 S., 7 Zeichnungen, kart. ●

Diktate besser schreiben
Übungen zur Rechtschreibung für die Klassen 4–8. (0469) Von K. Schreiner, 152 S., 31 Zeichnungen, kart. ●

Aufsätze besser schreiben
Förderkurs für die Klassen 4–10. (0429) Von K. Schreiner, 144 S., 4 s/w-Fotos, 27 Zeichnungen, kart. ●

Deutsche Grammatik
Ein Lern- und Übungsbuch. (0704) Von K. Schreiner, 112 S., kart. ●

Mehr Erfolg in der Schule
Deutsche Rechtschreibung und Grammatik
Übungen und Beispiele für die Klassen 5–10. (4407) Von K. Schreiner, 256 S., durchgehend zweifarbig, Pappband. ●●●

Mehr Erfolg in der Schule
Der Deutschaufsatz
Übungen und Beispiele für die Klassen 5–10. (4271) Von K. Schreiner, 240 S., 4 s/w-Fotos, 51 Zeichnungen, Pappband. ●●●

Richtige Zeichensetzung
durch neue, vereinfachte Regeln. Erläuterungen der Zweifelsfragen anhand vieler Beispiele. (0774) Von Prof. Dr. Ch. Stetter, 160 S., kart. ●

Richtige Groß- und Kleinschreibung
durch neue, vereinfachte Regeln. Erläuterungen der Zweifelsfragen anhand vieler Beispiele. (0897) Von Prof. Dr. Ch. Stetter, 96 S., kart. ●

Besseres Englisch
Grammatik und Übungen für die Klassen 5 bis 10. (0745) Von E. Henrichs, 144 S., ●●

The Grammar Master
Englische Grammatik üben und beherrschen. (7002) Diskette für den C 64/C 128 (im 64er Modus) ●●●●*

Vokabeltrainer Englisch
Von B. Hoppius. (7001) Wendediskette für C 64/C 128 PC, mit Begleitheft. ●●●●* (7007) Wendediskette für Atari ST 520/1040, mit Begleitheft. ●●●●●*

Take a Trip to Britain
(7004) Von reLine, Diskette für C 64/C 128 PC, mit Begleitheft. ●●●●*

Schnell und sicher zum Führerschein
Tips und Tricks aus 30jähriger-Fahrschul-Praxis. (0921) Von O. Einert, 152 S., 156 Farbfotos, 161 z. T. farb. Zeichnungen, kart. ●●

Maschinenschreiben für Kinder
(0274) Von H. Kaus, 48 S., farbige Abb., kart. ●

So lernt man leicht und schnell
Maschinenschreiben
Lehrbuch für Schulen, Lehrgänge und Selbstunterricht. (0568) Von M. Kempkes, 112 S., 31 s/w- Fotos, 36 Zeichnungen, kart. ●●

Maschinenschreiben durch Selbstunterricht
(0170) Von A. Fonfara, 84 S., kart. ●

Maschinenschreiben
In 10 Tagen spielend gelernt. Von Unterrichtsmedien Hoppius. (7008) Diskette für den C 64 und C 128 PC ●●●●* (7009) für IBM PC + kompatible, ●●●●●* (7010) für Schneider CPC 464, 664, 6128, ●●●●●*

Stenografie leicht gelernt
im Kursus oder Selbstunterricht. (0266) Von H. Kaus, 64 S., kart. ●

Buchführung
leicht gefaßt. Ein Leitfaden für Handwerker und Gewerbetreibende. (0127) Von R. Pohl. 104 S., kart. ●

Buchführung leicht gemacht
Ein methodischer Grundkurs für den Selbstunterricht. (4238) Von D. Machenheimer, R. Kersten, 252 S., Pappband. ●●●

Erfolgreiche Kaufmannspraxis
Wirtschaftliche Grundlagen, Geld, Kreditwesen, Steuern, Betriebsführung, Recht, EDV. (4046) Von W. Göhler, H. Gölz, M. Heibel, Dr. D. Machenheimer, 544 S., gebunden. ●●●●

Familienrecht
Ehe – Scheidung – Unterhalt. (4190) Von T. Drewes, R. Hollender, 368 S., Pappband. ●●●

Scheidung und Unterhalt
nach dem neuen Eherecht. Mit dem Unterhaltsänderungsgesetz 1986. (0403) Von T. Drewes, 112 S., mit Kosten und Unterhaltstabellen, kart. ●

Erziehungsgeld, Mutterschutz, Erziehungsurlaub
Alles über das neue Recht für Eltern. Mit den Gesetzestexten. (0835) Von J. Grönert, 144 S., kart. ●●

Endlich 18 und nun?
Rechte und Pflichten mit der Volljährigkeit. (0646) Von R. Rathgeber, 224 S., 27 Zeichnungen, kart. ●●

Was heißt hier minderjährig?
(0765) Von R. Rathgeber, C. Rummel, 148 S., 50 Fotos, 25 Zeichnungen, kart. ●●

Erbrecht und Testament
Mit Erläuterungen des Erbschaftssteuergesetzes von 1974. (0046) Von Dr. jur. H. Wandrey, 124 S., kart. ●

Testament und Erbschaft
Erbfolge, Rechte und Pflichten der Erben, Erbschafts- und Schenkungssteuer, Mustertestamente. (4139) Von T. Drewes, R. Hollender, 304 S., Pappband. ●●●

Mein letzter Wille
Ratgeber für Erblasser, Erben und Hinterbliebene. (0939) Von T. Drewes, 136 S., 9 s/w-Zeichnungen, kart. ●●

Präzise Ratschläge für
Ihre optimale Rente
Vorbereitung · Berechnungsgrundlagen · Gesetzesänderungen · Individuelle Rechenbeispiele. (0806) Von K. Möcks, 96 S., 24 Formulare, 1 Graphik, kart. ●

Mietrecht
Leitfaden für Mieter und Vermieter. (0479) Von J. Beuthner, 196 S., kart. ●●

Wege zum Börsenerfolg
Aktien · Anleihen · Optionen (4275) Von H. Krause, 252 S., 4 s/w-Fotos, 86 Zeichnungen, Pappband. ●●●

So werde ich erfolgreich
Ratschläge und Tips für Beruf und Privatleben. (0918) Von H. Hans, 104 S., kart. ●●

99 Alternativen für Umsteiger
Mehr Freude am Leben mit dem richtigen Beruf. (4251) Von D. Maxeiner, P. Birkenmeier, 192 S., 143 Fotos, 46 Zeichnungen, kart. ●●●

Lebenslauf und Bewerbung
Beispiele für Inhalt, Form und Aufbau. (0428) Von H. Friedrich, 112 S. kart. ●

Erfolgreiche Bewerbungsbriefe und Bewerbungsformen
(0138) Von W. Manekeller, 88 S., kart. ●

Die erfolgreiche Bewerbung
Bewerbung und Vorstellung. (0173) Von W. Manekeller, 156 S., kart. ●

Die Bewerbung
Der moderne Ratgeber für Bewerbungsbriefe, Lebenslauf und Vorstellungsgespräche. (4138) Von W. Manekeller, 264 S., Pappband. ●●

Erfolgreiche Bewerbung um einen Ausbildungsplatz
(0715) Von H. Friedrich, 136 S., kart. ●

Die ersten Tage am neuen Arbeitsplatz
Ratschläge für den richtigen Umgang mit Kollegen und Vorgesetzten (0855) Von H. Friedrich, 104 S., kart. ●

Zeugnisse im Beruf
richtig schreiben, richtig verstehen. (0544) Von H. Friedrich, 112 S., kart. ●

Vorstellungsgespräche
sicher und erfolgreich führen. (0636) Von H. Friedrich, 144 S., kart. ●

Keine Angst vor Einstellungsstests
Ein Ratgeber für Bewerber. (0793) Von Ch. Titze. 120 S., 67 Zeichnungen, kart. ●

Esoterik

Bauernregeln, Bauernweisheiten, Bauernsprüche
(4243) Von G. Haddenbach, 192 S., 62 Farbabb. 9 s/w-Fotos, 144 s/w-Zeichnungen, Pappband. ●●●

Gesund durch Gedankenenergie
Heilung im gemeinsamen Kraftfeld (6035) VHS, 45 Min., in Farbe ●●●●●*

Die hier vorgestellten Bücher, Videokassetten und Software sind in folgende Preisgruppen unterteilt:

● Preisgruppe bis DM 10,–/S 79,–
●● Preisgruppe über DM 10,– bis DM 20,– S 80,– bis S 160,–
●●● Preisgruppe über DM 20,– bis DM 30,– S 161,– bis S 240,–
●●●● Preisgruppe über DM 30,– bis DM 50,– S 241,– bis S 400,–
●●●●● Preisgruppe über DM 50,–/S 401,–
*(unverbindliche Preisempfehlung)

Die Preise entsprechen dem Status beim Druck dieses Verzeichnisses (s. Seite 1) – Änderungen, im besonderen der Preise, vorbehalten –

e Magie der Zahlen
nutzen Sie die Geheimnisse der Numero-
;ie für Ihr persönliches Glück mit dem völ-
neuen Planetennumeroskop
!42) Von B. A. Mertz, 224 S., 36 Abbildun-
n, Pappband. ●●●

;ing der Liebe
s altchinesische Orakel für Partnerschaft
d Ehe. (4244) Von G. Damian-Knight,
0 S., 64 s/w-Zeichnungen, Pappband.
●●

e neue Lebenshilfe **Biorhythmik**
hen und Tiefen der persönlichen Lebens-
rven vorausberecnen und danach han-
ln. (0458) Von W. A. Appel, 157 S.,
Zeichnungen, Pappband. ●●

e neue Erkenntnisse zum Biorhythmus
dividuelle Rhythmogramme für Berufs-
folg und Gesundheit, Partnerschaft und
eizeit, Beilage: Tagesformplaner.
276) Von H. Bott, 144 S., 35 s/w-Zeichnun-
n, Pappband. ●●●

lken-Handbuch **Kartenlegen**
ahrsagen mit Tarot-, Skat-, Lenormand-
d Zigeunerblättern.
226) Von B. A. Mertz, 288 S., 38 Farb- und
8 s/w-Abb. Pappband. ●●●●

ahrsagen mit Tarot-Karten
482) Von E. J. Nigg, 112 S., 4 Farbtafeln,
2 s/w-Abb., Pappband. ●●

lbst Wahrsagen mit Karten
e Zukunft in Liebe, Beruf und Finanzen.
404) Von R. Koch, 112 S., 252 Abb.,
ppband. ●●

eissagen, Hellsehen, Kartenlegen ...
ie jeder die geheimen Kräfte ergründen
d für sich nutzen kann. (4153) Von G. Had-
nbach, 192 S., 40 Zeichnungen, Papp-
nd. ●●

kennen Sie Psyche und Charakter durch
anddeutung
176) Von B. A. Mertz, 252 S., 9 s/w-Fotos,
0 Zeichnungen, Pappband. ●●●●

lken-Handbuch **Astrologie**
harakterkunde · Schicksal · Liebe und Beruf
Berechnung und Deutung von Horoskopen ·
szendenttabelle. (4068) Von B. A. Mertz,
42 S., mit 60 erläuternden Grafiken,
ppband. ●●●

ie Familie im Horoskop
ück und Harmonie gemeinsam erleben –
obleme und Gegensätze verstehen und
lerieren. (4161) Von B. A. Mertz, 296 S.,
0 Zeichnungen, kart. ●●●

Aztekenhoroskop
Deutung von Liebe und Schicksal nach dem Aztekenkalender. (0543) Von C.-M. und R. Kerler, 160 S., 20 Zeichnungen, Pappband. ●

Was sagt uns das Horoskop?
Praktische Einführung in die Astrologie. (0655) Von B. A. Mertz, 176 S., 25 Zeichnungen, kart. ●

Das Super-Horoskop
Der neue Weg zur Deutung von Charaker, Liebe und Schicksal nach chinesischer und abendländischer Astrologie. (0465) Von G. Haddenbach, 175 S., kart. ●

Liebeshoroskop für die 12 Sternzeichen
Alles über Chancen, Beziehungen, Erotik, Zärtlichkeit, Leidenschaft. (0587) Von G. Haddenbach, 144 S., 11 Zeichnungen, kart. ●

Die 12 Sternzeichen
Charakter, Liebe und Schicksal. (0385) Von G. Haddenbach, 160 S., Pappband. ●●

Die 12 Tierzeichen im chinesischen Horoskop
(0423) Von G. Haddenbach, 128 S., Pappband. ●

Sternstunden
für Liebe, Glück und Geld, Berufserfolg und Gesundheit. Das ganz persönliche Mitbringsel für Widder (0621), Stier (0622), Zwillinge (0623), Krebs (0624), Löwe (0625), Jungfrau (0626), Waage (0627), Skorpion (0628), Schütze (0629), Steinbock (0630), Wassermann (0631), Fische (0632) Von L. Cancer, 62 S., durchgehend farbig, Zeichnungen, Pappband. ●

Computer-Bücher und Software

Computer Grundwissen
Eine Einführung in Funktion und Einsatzmöglichkeiten. (4302) Von W. Bauer, 176 Seiten, 193 Farb- und 12 s/w-Fotos, 37 Computergrafiken, kart., ●●●
(4301) Pappband, ●●●●

Einführung in die Programmiersprache BASIC. (4303) Von S. Curran und R. Curnow, 192 S., 92 Zeichnungen, kart. ●●

Intelligenz in BASIC
für Schneider CPC 464/664/6128. Mit Diskette 3". (4320) Von K.-H. Koch, 160 S., 14 Zeichnungen, kart. ●●●●●

Lernen mit dem Computer. (4304)
Von S. Curran und R. Curnow, 144 S., 34 Zeichnungen, Spiralbindung, ●●

Garantiert BASIC lernen mit dem C 128
Mit kompletter Kurs-Diskette
(4321) Von A. Görgens, 288 S., 4 s/w-Fotos, 83 Zeichnungen, kart. ●●●●

Grundwissen Informationsverarbeitung
(4314) Von H. Schiro, 312 S., 59 s/w-Fotos, 133 s/w-Zeichnungen, Pappband. ●●●●●

Heimcomputer-Bastelkiste
Messen, Steuern, Regeln mit C 64-, Apple II-, MSX-, TANDY-, MC-, Atari- und Sinclair-Computern. (4309) Von G. A. Karl, 256 S., 160 Zeichnungen, kart. ●●●●

WORDSTAR 2000
Textverarbeitung für Einsteiger und Profis
Mit erprobten Anwendungen aus der Praxis.
(4317) Von D. Nasser, 200 S., 9 s/w-Fotos, 3 Zeichnungen, kart. ●●●●●

Drucker und Plotter
Text und Grafik für Ihren Computer.
(4315) Von K.-H. Koch, 192 S., 12 Farbtafeln, 5 s/w-Fotos, kart. ●●●●

Computergrafik
Von den Grundlagen bis zum perfekten 3 D-Programm. (4319) Von A. Brück, 296 S., 20 Farbtafeln, 180 s/w-Grafiken, 50 s/w- Zeichnungen, 83 Listings, Pappband. ●●●●●

Textverarbeitung mit Home- und Personal-Computern
Systeme – Vergleiche – Anwendungen.
(4316) Von A. Görgens, 128 S., 49 s/w-Fotos, kart. ●●●●

Die tägliche PC-Praxis
Anwendungshilfen, Programme und Erweiterungen für MS-DOS-Computer
(4322) Von A. Görgens, 224 S., 25 Abbildungen, kart. ●●●●

dBase III
Einführung für Einsteiger und Nachschlagewerk für Profis. (4310) Von J. Brehm, G. A. Karl, 211 S., 23 Abb., kart. ●●●●●

FALKEN PC PRAXIS
Desktop Publishing
Setzen und Drucken auf dem Schreibtisch.
(4323) Von A. Görgens, 120 S., 11 s/w-Fotos, 72 Zeichnungen, kart. ●●●

FALKEN PC PRAXIS
WordStar Praxis professionell
Für die Versionen 3.4/3.45/4.0
Erweiterungen · Praxis-Tips · Datenaustausch · Desktop Publishing. (4324) Von A. Görgens, 172 S., 2 s/w-Fotos, 2 s/w-Zeichnungen, 116 s/w-Grafiken, kart. ●●●●

Die Super-Preisleistung

Die 100 bekanntesten und beliebtesten Volkslieder, mit wunderschönen Farbzeichnungen von Brian Bagnall, durchgehend farbig im Großformat als gebundener Pappband.

Kein schöner Land... Das große Buch unserer beliebtesten Volkslieder. (0001) Hrsg. von Norbert Linke, 208 Seiten, 118 Farbzeichnungen, Pappband.

Erschienen in der F. Bassermann'schen Verlagsbuchhandlung Nachf.

ie hier vorgestellten Bücher, Videokassetten und Software sind in folgende Preisgruppen unterteilt:

● Preisgruppe bis DM 10,–/S 79,–
●● Preisgruppe über DM 10,– bis DM 20,– S 80,– bis S 160,–
●●● Preisgruppe über DM 20,– bis DM 30,– S 161,– bis S 240,–
●●●● Preisgruppe über DM 30,– bis DM 50,– S 241,– bis S 400,–
●●●●● Preisgruppe über DM 50,–/S 401,–
*(unverbindliche Preisempfehlung)

ie Preise entsprechen dem Status beim Druck dieses Verzeichnisses (s. Seite 1) – Änderungen, im besonderen der Preise, vorbehalten –

FALKEN